LE
MISANTHROPE

— Molière —

par
Alexis PELLETIER
Certifié de Lettres modernes

L'ŒUVRE AU CLAIR
Bordas

Maquette de couverture : Michel Méline.
Maquette intérieure : Jean-Louis Couturier.
Document de la page 3 : portrait de Molière, de Pierre Mignard.
Collection Comédie-Française. Ph © Giraudon-Archives Photeb.

© Bordas, Paris, 1991. ISBN 2-04-019279-0
ISSN 0993-6297

MOLIÈRE

1622 - 1673

DRAMATURGE

1666 - Le Misanthrope
1659 - Les Précieuses ridicules
1664 - Tartuffe
1665 - Dom Juan
1673 - Le Malade imaginaire

ALCESTE
> Et parfois il me prend des mouvements soudains
> De fuir dans un désert l'approche des humains.

(Acte I, scène 1).

CÉLIMÈNE
> La solitude effraye une âme de vingt ans.

(Acte V, scène 4).

Molière, *Le Misanthrope.*

Molière
ET SON TEMPS

Points de repère

■ Molière est un dramaturge du XVIIe siècle.

■ Son œuvre théâtrale comprend plus d'une trentaine de pièces.

■ Il nous livre de 1659, date de création des *Précieuses ridicules*, à 1673, date du *Malade imaginaire*, ses principaux chefs-d'œuvre.

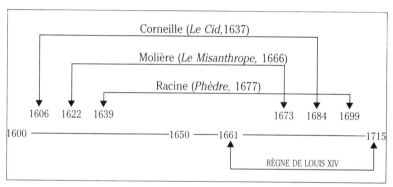

Corneille (*Le Cid*, 1637)

Molière (*Le Misanthrope,* 1666)

Racine (*Phèdre,* 1677)

1606   1622   1639   1673   1684   1699

1600 ——————————————— 1650 ——— 1661 ————————————— 1715

RÈGNE DE LOUIS XIV

■ Molière est un auteur de comédies au milieu de deux grands dramaturges qui font de la tragédie* le genre noble : Corneille et Racine.
L'œuvre de Molière comprend des farces*, des comédies-ballets* et des comédies*.

■ On considère que son œuvre contient deux types de pièces :

▶ les comédies de caractère* : dénonciation des travers de l'individu ;

▶ les comédies de mœurs : accusation portée contre la société.

■ Dans *Le Misanthrope*, Molière juge aussi bien l'homme que son siècle. Comme dans la plupart de ses œuvres, il mélange les deux registres, accentuant tour à tour la satire de la société et les dénonciations individuelles.

Biographie

Jean-Baptiste Poquelin est né à Paris, le 15 janvier 1622. Son père occupe la charge de tapissier ordinaire du roi.

En 1640, après des études de droit, il est avocat. Mais deux rencontres vont modifier le cours de sa vie : d'abord celle de Scaramouche, le rénovateur de la comédie italienne, puis celle de Madeleine Béjart, déjà directrice d'une troupe connue.

Jean-Baptiste, malgré l'opposition de son père, choisit alors la carrière dramatique. Ainsi naît, le 30 juin 1643 *L'Illustre-Théâtre*. Ayant pris le nom de Molière, il se lance avec Madeleine et sept autres comédiens dans de longues tournées à travers la France. Jusqu'en 1658, les échecs nombreux multiplient les difficultés. Mais en octobre 1658, le roi ordonne que la troupe s'établisse à Paris, dans la salle du Petit-Bourbon. Viennent alors les succès de *L'Étourdi*, du *Dépit amoureux* et, le 18 novembre 1658, des *Précieuses ridicules*.

La troupe obtient grâce à l'appui du roi la salle du Palais-Royal et le premier séjour à la cour, en mai 1662, marque sa réelle consécration. Cette même année, Molière épouse Armande Béjart, fille de Madeleine, et fait sensation avec *L'École des femmes*. C'est la première grande comédie de Molière.

Dépassant les mécanismes de la farce, il entame une réflexion morale qui se double d'une satire féroce de la société qu'il côtoie. Ces deux tendances se retrouvent dans les trois chefs-d'œuvre du genre comique : *Tartuffe* (1664), *Dom Juan* (1665) et *Le Misanthrope* (1666).
Molière se heurte à la censure ; *Tartuffe* est interdit et ne peut être rejoué officiellement qu'en 1669.

Le Misanthrope est créé le 4 juin 1666. Le succès est moyen : le public est déçu par une pièce qui ne le fait pas rire sans réserve. Seuls les connaisseurs, et plus particulièrement Boileau, l'admirèrent.

1622
Naissance de Jean-Baptiste Poquelin.

1640
Des études d'avocat.

1643
Le choix de la carrière dramatique : fondation de l'Illustre-Théâtre

1658-1659
Premiers succès.

1662-1666
Impopularité et interdiction des pièces de Molière.

1666
Le Misanthrope : une comédie trop grave pour le public.

Les dernières années de la vie de Molière sont assombries par la maladie et les difficultés matérielles. Au cours de la quatrième représentation du *Malade imaginaire*, le 17 février 1673, Molière est pris d'une convulsion. Transporté chez lui, il meurt le jour même.

À RETENIR

Sur le plan biographique

■ Le sens du *Misanthrope* peut s'éclairer par une connaissance plus précise de la vie de son auteur :
- l'expression de l'amour peut être le reflet des déceptions qu'il rencontre dans sa vie privée et de la jalousie qui le caractérise ;
- l'intérêt que porte Alceste à la sincérité est le miroir du thème de l'hypocrisie qui traverse *Tartuffe* et *Dom Juan*. Molière a dû toujours mener une lutte devant la faiblesse des hommes et l'impossibilité de dire la vérité ;
- malgré les excès d'Alceste, *Le Misanthrope* développe l'interrogation essentielle de Molière : la liberté.

Sur le plan littéraire

■ L'utilisation de nombreux procédés comiques (satire, ton burlesque*).

■ Une interrogation qui dépasse le cadre strict de la comédie et peut rappeler la tragédie.

■ Cependant, ce serait un contresens que d'accentuer uniquement ce dernier point. En fait, *Le Misanthrope* est l'exemple achevé du travail de Molière : il fait avancer le genre de la comédie (ce qui explique l'accueil qu'il reçut lors de sa création).

EXERCICE

L'étude de la vie de Molière n'est pas suffisante pour comprendre entièrement *Le Misanthrope ou L'Atrabilaire amoureux.* La misanthropie est un thème qui prend ses sources dans la littérature grecque. À cet héritage, qui influença également Shakespeare dans sa pièce *Timon d'Athènes,* Molière apporte son expérience théâtrale, si bien que la pièce est une pure création qui témoigne de l'art de son auteur.

Sans limiter l'explication d'un texte aux rapprochements qui peuvent être établis avec la vie de son auteur, le lecteur et le spectateur doivent garder en mémoire certains aspects de cette biographie.

■ Molière et la vie de courtisan

Le soutien du roi ne va pas sans irriter une partie de la Cour. En 1664, l'affaire du *Tartuffe* conduit à l'interdiction de cette comédie. Le roi lui-même n'assiste à aucune représentation de *Dom Juan.* Dans quelle mesure la sincérité que réclame Alceste est-elle le reflet des soucis de Molière ?

■ Molière et l'image de la femme

Armande Béjart, que Molière épouse le 20 février 1662, est une épouse infidèle. C'est elle qui tient le rôle de Célimène. Dans quelle mesure peut-on considérer que Célimène soit la transposition des problèmes que connaît Molière dans sa vie privée ?

Faites le relevé précis des scènes qui permettent de dire que Célimène incarne, par certains côtés, l'image de l'infidélité.

8

■ Le comique et la censure

Tartuffe et *Dom Juan* ont connu de grandes difficultés avec la censure de l'époque, car Molière dénonçait trop directement les vices de son époque. Par quels moyens Molière contourne-t-il la censure dans *Le Misanthrope* ?

La pièce repose sur un double registre qui lie perpétuellement passages comiques et contrepoint tragique. Montrez comment Molière joue toujours sur un double registre qui lui permet de désamorcer les attaques des censeurs de la Cour.

LE TEMPS DE Molière

CLÉS POUR

L'UTILISATION DES CONNAISSANCES BIOGRAPHIQUES

La biographie met en évidence les faits les plus marquants de la vie d'un écrivain. Ces faits ont pu influencer la création littéraire.

Molière, depuis *Tartuffe*, se heurte de plus en plus à une partie de la Cour. Cette opposition profite de toutes les ressources des habitudes courtisanes pour déprécier le travail de Molière. Celui-ci ne désempare pas : il s'attaque au fondement même de la vie à la Cour, l'art de plaire.

La biographie permet de connaître le contexte historique, idéologique et culturel qui fut celui de l'écrivain. Ce contexte est important pour comprendre l'œuvre.

Après les deux pièces de combat que sont *Tartuffe* et *Dom Juan*, Molière continue d'attaquer les fondements de la société du XVIIᵉ siècle. Cependant, sa critique est construite de façon plus tactique. Ayant été accusé d'irréligion, Molière préfère dresser une satire des mœurs, en opposant Alceste — celui qui n'aime pas l'humanité — à Célimène, une coquette qui, à cause de son jeune âge, pousse à l'outrance les travers des courtisans.

Mais pour comprendre une œuvre, il faut d'abord et avant tout se livrer au « plaisir du texte » et interroger les mots.

Outre l'influence biographique, l'écriture d'une œuvre traduit les obsessions formelles et spirituelles d'un auteur. Ce n'est sans doute pas un hasard si Molière reprend dans *Le Misanthrope* la satire de la préciosité qu'il avait déjà conduite dans *Les Précieuses ridicules*. Il est donc indispensable de lutter avec un texte, de l'expliquer par rapport à lui-même, pour en retirer son « plus haut sens ».

Le Misanthrope
STRUCTURE

Analyse du titre

Le titre d'une œuvre doit toujours être examiné avec attention car il permet souvent de percevoir les intentions de l'écrivain. C'est le premier lien entre l'auteur et le spectateur, ou le lecteur. Au terme de la représentation ou de la lecture, ceux-ci se reportent d'abord au titre pour formuler leurs impressions. Or, pour cette comédie, le titre exact est *Le Misanthrope ou L'Atrabilaire amoureux*.

■ Un héros paradoxal

Le mot *misanthrope* désigne étymologiquement « celui qui n'aime pas les hommes ». Le spectateur est donc averti que le héros de la pièce fuit la société humaine. Or, le théâtre est le lieu de l'échange. Dès lors, l'un des intérêts de la comédie est de mettre en scène un personnage fermé qui semble devoir refuser le dialogue si fondamental à toute pièce.

■ Un héros malade

Le sous-titre renvoie à une donnée médicale. L'atrabile, ou bile noire, fait partie des quatre humeurs qui, dans le système antique du médecin Galien, préside à l'équilibre du corps humain. Un atrabilaire est un homme « dominé » par cette bile noire, autrement appelée mélancolie. Physiologiquement, l'être atteint de mélancolie manifeste à la fois tristesse et crainte. Il est, par ailleurs, capable d'un déséquilibre intellectuel qui s'incarne en un sentiment de supériorité et une sorte d'amour de l'héroïsme. L'atrabilaire est donc un personnage atypique, marqué par l'excès.

■ La mise en place du thème essentiel

Mais ce héros — Alceste —, dont Molière dit par le titre qu'il hait le genre humain et qu'il ne maîtrise pas son équilibre mental, est également amoureux. Ainsi, entre ce dernier adjectif et les autres composantes du titre se construit une sorte d'opposition, un oxymore* qui indique qu'Alceste est également prisonnier d'une contradiction permanente. Malade et haïssant le genre humain, le héros amoureux est donc un personnage complexe, dominé par un ensemble de contradictions.

Pour comprendre l'œuvre

Quelques éléments doivent rester présents à l'esprit, afin de mieux saisir le sens du *Misanthrope*. Ils concernent aussi bien la vie quotidienne à la Cour, au XVIIᵉ siècle, que l'histoire de la littérature.

■ L'histoire et la vie quotidienne

▶ En 1666, Louis XIV a déjà émerveillé ses sujets par les somptueuses fêtes données à Versailles en 1664. Certes, l'extension véritable du château ne commencera qu'en 1668, mais la troupe est déjà fort appréciée par le roi, et Molière connaît tous les mécanismes de la vie de cour. Or, les personnages du *Misanthrope* appartiennent tous au monde de l'aristocratie et de la Cour. Ce sont donc les travers de cette société que l'auteur va mettre en scène. Parmi ceux-ci, il choisit la règle la plus importante de la vie des courtisans : celle de la « politesse » et de l'« honnêteté »*.

▶ Être poli signifie à la Cour savoir se faire aimer de tous, savoir plaire dans toutes les situations. Ce véritable « art de plaire » constitue le thème central qui relie les spectateurs contemporains de Molière à l'action de sa comédie.

■ L'histoire de la littérature

▶ Le théâtre

Au XVIIᵉ siècle, le théâtre est un des genres littéraires* les plus à la mode. Mais comme il fait partie du divertissement* des nobles, il entraîne un énorme débat moral qui peut aboutir à sa condamnation au nom des valeurs religieuses.

▶ La comédie

Un autre débat partage la société. Plus théorique, celui-ci, d'une part, s'interroge sur la dignité de la comédie* en face de sa noble rivale, la tragédie*, et, d'autre part, pose la controverse des règles.
Molière s'affranchit de toute contrainte et donne sa dignité à la comédie. *Le Misanthrope* est une pièce qui possède les qualités d'une « arme de combat » braquée contre ses détracteurs, et qui dépasse également le cadre strict de la comédie, en construisant une sorte de contrepoint tragique.

CLÉS POUR

ANALYSER UNE ŒUVRE LITTÉRAIRE

Lors de la lecture d'une œuvre littéraire, on se trouve confronté à des images, à des thèmes dont la fréquence est significative. La manière qu'a l'auteur d'organiser ses images et de traiter ces thèmes constitue les repères de son univers intérieur, de son imaginaire.

En lisant *Le Misanthrope* pour la première fois, on est surpris par certains aspects qui construisent l'action : l'amour, l'infidélité, l'image de la femme, le procès et la question juridique, la vie en société, l'honnêteté, l'hypocrisie, l'honneur...
Trois discours s'opposent autour de ces idées : celui d'Alceste qui cherche à défendre une sincérité totale, celui de Célimène, des marquis et d'Arsinoé qui appartiennent au monde, et celui d'Éliante et de Philinte qui se rapprochent du « juste milieu ». Seul le discours d'Alceste remet directement en cause l'ordre établi.

Une analyse plus détaillée des textes révèle la démarche de l'écrivain à travers son style. Un sens s'impose à partir de l'ordre des mots et de la construction des phrases.

Étudier une pièce de théâtre, c'est mettre en évidence les procédés propres à l'écriture théâtrale.
Le Misanthrope est une comédie : de nombreux procédés appartiennent aux figures habituelles du comique. Certaines sont propres à Molière qui, par ailleurs, introduit des éléments de drame dans sa pièce. De cette manière apparaît le caractère personnel de son style.

Il faut enfin découvrir la cohérence qui existe entre une œuvre, son auteur et sa conception du monde.

Avec *Le Misanthrope*, comme avec *Tartuffe* ou *Dom Juan*, la comédie est une arme de combat tournée contre une partie de la société aristocratique. Molière définit sa pensée personnelle et son écriture.

Résumé et analyse
de la pièce

Parmi les comédies de Molière, *Le Misanthrope* est sans doute la pièce qui a suscité le plus d'interprétations, souvent contradictoires. Sa structure respecte cependant les règles du genre : les unités* sont appliquées, la pièce se déroule sur cinq actes ; elle est écrite en alexandrins, c'est-à-dire en vers de douze syllabes.

Cependant, à la différence de beaucoup d'autres pièces de Molière, l'une des particularités du *Misanthrope* repose sur le fait que presque tous les rôles sont importants. Certes, Alceste domine avec Célimène, mais les autres jouent, chacun à son tour, un rôle fondamental.

■ ACTE I : Alceste confronté aux valeurs de la politesse

L'acte I comprend trois scènes qui présentent trois personnages : Alceste, Philinte et Oronte.

▶ <u>Scène 1</u> : *Le Misanthrope* s'ouvre sur un débat qui oppose deux systèmes de valeurs. Dans le salon de Célimène, Alceste se querelle avec Philinte, lui reproche sa mondanité et son manque de franchise. Puis il s'attaque aux hypocrisies de la politesse mondaine. Philinte, pour sa part, croit que la vie en société demande certains sacrifices. Il s'étonne de l'inconséquence d'Alceste, qui est amoureux de la coquette Célimène, et s'inquiète de son attitude dans le procès qu'il risque de perdre, en ne « sollicitant » aucun juge.

▶ <u>Scène 2</u> : après le débat entre les deux amis, se produit la mise en pratique des valeurs de chacun. Oronte survient et offre son amitié à Alceste sans le connaître. Alceste reste froid et doit supporter d'entendre Oronte lui réciter un poème de sa composition. Ce dernier lui demande ce qu'il en pense. Après s'être récusé, Alceste, qui s'est fait fort de toujours dire ce qu'il pensait, fait comprendre à Oronte que son sonnet est mauvais, tandis que Philinte essaie par des compliments flatteurs d'adoucir la dispute. Oronte quitte la scène, plein de colère.

▶ <u>Scène 3</u> : les valeurs d'Alceste ne peuvent déboucher que sur une rupture. Alceste veut rompre avec Philinte dont il vient de surprendre l'hypocrisie vis-à-vis d'Oronte.

Le premier acte sert à exposer l'intrigue. Le spectateur a appris l'amour d'Alceste, s'est rendu compte de l'humeur de celui-ci, a été informé du procès qui le menace... Tout est donc mis en place.

■ ACTE II : Alceste et Célimène, deux discours contradictoires

Ce n'est qu'au deuxième acte qu'apparaît pour la première fois Célimène, jeune veuve de vingt ans. Elle reste d'ailleurs présente avec Alceste pendant les six scènes qui composent cet acte où l'intrigue évolue vers l'isolement total d'Alceste.

▶ Scène 1 : la relation qui unit Célimène et Alceste repose sur un paradoxe : Célimène trouve sa liberté dans un comportement qui refuse l'unicité tandis qu'Alceste pose comme acquise l'exclusivité du sentiment amoureux. Il cherche à ce que Célimène explique sa coquetterie. Pour lui, elle a trop de soupirants ; elle se plie à tort à la mode du jour. En même temps, Alceste manifeste une grande jalousie qui le conduit à mettre en doute la parole de Célimène, quand celle-ci lui parle du « bonheur de savoir » qu'il est aimé d'elle.

▶ Scènes 2 et 3 : l'ensemble de ces scènes marque la mise en application du paradoxe qui oppose Alceste et Célimène. Basque, le valet de Célimène, annonce l'arrivée consécutive d'Acaste puis de Clitandre, deux soupirants de Célimène. Alceste décide de sortir, Célimène veut le retenir. Sitôt qu'elle le laissera partir, il voudra rester.

▶ Scène 4 : c'est ainsi qu'Alceste assiste à l'entrée d'Éliante, cousine de Célimène, de Philinte, d'Acaste et Clitandre que Basque fait entrer auprès de Célimène. Les « petits marquis », mais aussi Éliante et Philinte, forment assemblée autour de Célimène qui se met à briller par sa malveillance. Tous les courtisans, dont parlent les marquis ou Philinte, sont décrits par Célimène avec un luxe de détails péjoratifs. Alceste, resté muet pendant tout le début de la scène, s'en prend alors vivement aux marquis. Il les accuse d'encourager la médisance de Célimène. Philinte demande alors pourquoi Alceste « prend un intérêt si grand » pour les hommes qui viennent d'être attaqués, alors qu'il en ferait sans doute autant. C'est ici qu'apparaît la composante fondamentale du caractère du misanthrope : la contradiction. Pris à son propre piège, il va jusqu'à affirmer qu'il faut *injurier les personnes qu'on aime*. Éliante cherche alors à détendre l'atmosphère par une réplique burlesque* sur l'amour. La colère est telle entre les marquis et Alceste qu'ils décident de rester chez Célimène pour savoir à qui elle demandera de sortir en premier.

▶ Scènes 5 et 6 : Basque annonce l'arrivée d'un garde qui souhaite parler à Alceste. Ce garde apprend à Alceste qu'il doit se présenter au tribunal des maréchaux pour régler le différend qui l'oppose depuis le premier acte à Oronte. Alceste doit donc quitter les lieux sous les rires des marquis. Il jure, malgré tout, de ne pas changer d'avis quant au sonnet d'Oronte, sauf si le roi l'ordonnait.

Le deuxième acte accentue la séparation entre Alceste et le reste du monde et pose la problématique du personnage de Célimène. Deux conceptions de la liberté s'opposent, sans que Molière prenne parti.

■ ACTE III : la comédie de la mondanité

Le troisième acte est sans doute l'acte le plus complexe puisqu'il voit se succéder trois épisodes différents, le premier concernant les marquis, le deuxième Célimène et Arsinoé, le troisième Alceste et Arsinoé.

▶ Scène 1 : Acaste et Clitandre, après avoir fait montre de leur mondanité ridicule, décident que celui qui aura obtenu des preuves certaines de l'amour de Célimène restera seul auprès d'elle.

▶ Scènes 2 et 3 : Célimène arrive. En présence des marquis, Basque lui annonce la venue d'Arsinoé. Et Célimène aussitôt de commencer un portrait dont elle a le secret. Arsinoé est dépeinte comme une fausse dévote.

▶ Scène 4 : alors que les marquis se retirent en riant, Arsinoé entame une longue tirade. Jouant l'amitié, elle insinue les pires calomnies relatives aux galanteries de Célimène. Sans se laisser impressionner, la jeune veuve lui répond, sur le même ton, qu'elle est une hypocrite. Malgré la politesse apparente des répliques, la tension monte jusqu'à ce que Célimène cède la place à Alceste qui arrive.

▶ Scène 5 : Arsinoé tente de séduire Alceste. Insensible aux éloges, il explique en quoi il n'est pas fait pour l'esprit de la Cour. Arsinoé change de sujet et parvient à l'attirer chez elle pour lui montrer des preuves de l'infidélité de Célimène et lui *offrir* de quoi l'en *consoler*.

L'accord des marquis met en place le dénouement de la quatrième scène du cinquième (et dernier) acte.

Le personnage d'Arsinoé permet à Molière de renouer directement avec les personnages hypocrites comme Tartuffe ou Don Juan. Mais cette hypocrisie est ici vécue au féminin. Célimène n'est pas dupe du jeu d'Arsinoé, tandis qu'Alceste se laisse totalement berner. En fait, Célimène reconnaît le discours d'Arsinoé car elles fréquentent toutes deux la sphère de la mondanité. Alceste au contraire refuse de fréquenter ce type de société. Il est donc moins capable de comprendre la logique des discours mondains.

Molière renouvelle, dans cet acte, l'intérêt du spectateur qui se demande si Arsinoé ne va pas apporter à Alceste la preuve de l'infidélité de Célimène. Tout comme dans les autres actes, Molière ne porte aucun jugement définitif sur ses personnages.

Acte central, le troisième acte prépare plus que jamais, dans une pièce de Molière, le renversement des deux actes suivants. C'est là un procédé qui s'inscrit dans un traitement tragique de l'intrigue.

■ ACTE IV : la jalousie

Le troisième acte s'est achevé sur une interrogation : Célimène est-elle vraiment infidèle ? La totalité du quatrième acte a pour thème le sentiment amoureux. Scène après scène, le dénouement devient inéluctable.

▶ Scène 1 : Philinte raconte à Éliante comment Alceste s'est comporté devant le tribunal des maréchaux, dans le différend qui l'opposait à Oronte. La singularité du caractère d'Alceste a séduit Éliante. Elle avoue à Philinte l'amour qu'elle porte au Misanthrope. Du reste, elle ne fera rien pour empêcher l'union d'Alceste et Célimène. Mais si cette union devenait impossible, elle accepterait de « recevoir » les vœux d'Alceste. Adroitement, Philinte parvient alors à déclarer sa flamme à Éliante et lui offre le mariage s'il arrivait que Célimène épousât Alceste.

▶ Scène 2 : ce dernier surgit, tenant en ses mains le billet que Célimène écrivit à Oronte. Hors de lui-même, il propose son cœur à Éliante, en présence de Philinte. Clairvoyante, Éliante n'accepte pas l'offre d'Alceste. Elle quitte la scène avec Philinte au moment où Alceste aperçoit Célimène qui approche.

▶ Scène 3 : pour la deuxième fois, Célimène et Alceste se retrouvent seuls. Alceste l'accuse de trahison et lui montre le billet, avec colère. Célimène parvient alors à retourner la situation à son avantage, en accusant Alceste de ne pas bien l'aimer. Alceste lui renouvelle alors son amour, en lui souhaitant le pire destin qui puisse être. Ainsi pourrait-il lui prouver la force de son attachement.

▶ Scène 4 : nouveau coup de théâtre. Dans une scène du plus haut comique, Du Bois, le valet d'Alceste, vient interrompre les deux amants. Pour une affaire urgente et relative à son procès, Alceste doit aussitôt quitter les lieux.

Le quatrième acte achève de prouver le caractère contradictoire d'Alceste. Il ne laisse pas d'osciller de l'extravagance totale à une analyse lucide de la société et de l'amour.
La complexité de Célimène progresse également. Au terme de cet acte, cette veuve de vingt ans semble pourtant bien se jouer d'Alceste. Mais ce jugement ne saurait être définitif car Molière ne juge jamais ses personnages de manière si péremptoire. Incarnant une liberté qui demande la diversité, Célimène reste donc un personnage difficile à cerner : la société lui demande de supprimer sa frivolité, sa conception de la liberté paraît l'impliquer.
Le spectateur est maintenu en haleine par le lien qui naît entre Philinte et Éliante et par le rebondissement final.

■ ACTE V : le départ d'Alceste

Le dernier acte, qui comprend quatre scènes, est entièrement traversé par la fuite hors du monde qu'Alceste décide. Cette fin, par son caractère douloureux, fait sentir, sans aucun doute possible, ce qu'on a pu appeler le contrepoint tragique de l'œuvre.

17

▶ Scène 1 : tout comme à la première scène de la comédie, Alceste et Philinte sont sur scène. Alceste a perdu son procès. Désabusé, il a décidé de se retirer du monde. Tous les efforts de Philinte pour l'en dissuader semblent vains. Philinte quitte la scène pour faire venir Éliante.

▶ Scène 2 : dissimulé dans un coin sombre, Alceste voit entrer Célimène et Oronte. Ce dernier lui demande de choisir, dans l'instant, entre lui et Alceste. Le Misanthrope, qui a tout entendu, approuve cette demande et la formule à son tour. Célimène cherche à éviter une réponse directe.

▶ Scène 3 : elle veut recourir à l'aide d'Éliante qui vient d'entrer avec Philinte. Mais Éliante, amoureuse d'Alceste en même temps qu'attachée à la franchise, ne se plie pas à la demande de Célimène.

▶ Scène 4 : Acaste et Clitandre, accompagnés d'Arsinoé, entrent à leur tour dans le salon de Célimène. Tous les personnages importants sont donc réunis au commencement de cette ultime scène. Les deux marquis se sont échangé les lettres que Célimène leur écrivait. Elle s'y moque de tous ses soupirants, sans exception. Clitandre, Acaste puis Oronte quittent Célimène, en l'accablant. Arsinoé cherche à consoler Alceste ; elle est vivement repoussée par celui-ci et part, pleine de sarcasmes. Célimène s'accuse et reconnaît qu'Alceste est en droit de la haïr. Celui-ci ne le peut ; il accepte de pardonner si Célimène consent à quitter le monde avec lui. Mais « la solitude effraye une âme de vingt ans ». Elle refuse et sort de la scène après avoir été repoussée par Alceste. Le Misanthrope se dégage ensuite de la proposition qu'il avait faite à Éliante. Elle accepte alors le lien que lui propose Philinte. Alceste quitte la scène. Resté seul avec Éliante, Philinte décide de tout employer pour qu'Alceste change d'avis.

La fin du *Misanthrope* est la suite logique de l'ensemble de la pièce. Quittant la scène, Alceste semble mourir au monde, ce qui ressemble à la fin d'une tragédie. Toutefois, Molière prend bien soin de laisser intacte l'imagination du spectateur. La dernière réplique de Philinte laisse une situation ouverte qui ne correspond ni au dénouement logique d'une comédie (fin heureuse) ni à l'issue d'une tragédie qui demanderait une totale certitude sur la disparition d'Alceste. En fait, Molière a pris soin de poser le problème de la vie en société, mais il laisse au spectateur le choix d'une réponse personnelle.

Étude des personnages

Le Misanthrope est une comédie qui dénonce la fausseté des relations humaines, dans le milieu aristocratique des courtisans. Son sens se précise lorsqu'on prend en compte le jeu d'équilibre qui existe entre les personnages. On peut considérer qu'il y a trois groupes dans la comédie.

■ Le couple Alceste/Célimène

Ce couple antithétique constitue le noyau de la pièce. Ce sont les personnages principaux. La comédie comprend vingt-deux scènes ; Alceste est présent pendant dix-huit scènes et Célimène pendant quatorze.

▶ Alceste est un grand seigneur, tout comme les personnages principaux qui l'entourent. Il appartient à la série des grands personnages de Molière marqués par l'excès : Tartuffe et Don Juan.
Alceste manifeste une sensibilité déréglée. Souffrant d'un excès de bile noire — il est atrabilaire —, il s'emporte dans des réactions violentes dès le premier acte :

> *J'entre en une humeur noire, en un chagrin profond,*
> *Quand je vois vivre entre eux les hommes comme ils font.* (v. 91-92)

Un sens très fort doit être accordé aux mots *humeur noire* et *chagrin profond.* Ils signalent l'excès caractéristique d'Alceste. Il est, comme il dit un peu plus loin, incapable de se maîtriser :

> *Je n'ai point sur ma langue un assez grand empire.* (v. 1574)

Pourtant, il est, au départ, tenu par une idée généreuse : la sincérité (v. 35-36). Désirant que chacun dise ce qu'il pense, au moment où il le pense, Alceste se place en opposition totale avec le reste de la société qu'il connaît. Il ne peut pas admettre que sa volonté soit irréalisable et préfère s'entêter jusqu'à l'orgueil. Son déséquilibre le pousse au paradoxe lorsqu'il forme le vœu de perdre son procès afin de renforcer sa position intellectuelle :

> *J'aurai le plaisir de perdre mon procès.* (v. 196)

De plus, à force de remarquer la bassesse humaine et de la dire sur-le-champ, sa *mélancolie* le conduit à contredire tout ce qu'il voit et à se contredire lui-même. Célimène peut ainsi s'écrier :

> *L'honneur de contredire a pour lui tant de charmes*
> *Qu'il prend contre lui-même assez souvent les armes.* (v. 677-678)

Et c'est dans le domaine amoureux qu'il manifeste la plus grande contradiction. En effet, ennemi du genre humain, il est amoureux d'une jeune veuve très coquette, Célimène. Dans un monde où le mariage reste une affaire de convenance sociale, il apporte une grande passion. Mais son amour le conduit à une tyrannie qui le rend insupportable.

19

Le jeu complexe de Célimène, qui envoie un billet à Oronte et laisse entières les espérances d'Acaste et Clitandre, achève de désemparer Alceste. Pris dans la contradiction et l'enfer de la jalousie, il propose à Célimène de la suivre dans son désert.

Ayant clairement vu la bassesse du monde, Alceste reste seul. C'est un homme « écorché vif » qui sort de scène à la fin de l'œuvre, mais aussi un être aveuglé par son hypersensibilité. Sa misanthropie reflète sans doute l'amour déçu qu'il vouait au genre humain.

▶ Le personnage de Célimène a connu de nombreuses interprétations. Condamnée par certains, défendue par d'autres, elle offre une complexité de caractère qui demande à chaque spectateur ou lecteur de porter son propre jugement. Tout jugement la concernant ne peut être que nuancé puisque Molière évite pendant toute la pièce de s'ériger en censeur de ses choix.

Célimène est l'exact contraire du misanthrope. Si ce dernier conçoit la liberté comme un tout requérant à la fois sincérité et exclusivité, Célimène choisit de vivre la liberté dans la diversité voire l'inconstance. Cette jeune veuve de vingt ans, dont on ne sait rien concernant son premier mariage, se trouve au commencement de la comédie, dans un état de totale liberté. Elle veut profiter de ses jeunes années pour plaire et émerveiller la société aristocratique de sa beauté et de sa vivacité d'esprit. Elle a donc créé un salon, où se déroule toute l'intrigue et où les courtisans se succèdent, dans l'espoir d'être un jour récompensés par ses faveurs.

Son choix de vie, léger et parfois frivole, coïncide avec l'esprit des courtisans. Il suffit de se rappeler les portraits, admirables en médisance, qu'elle dresse à la scène 4 de l'acte II pour s'en convaincre. Ayant repéré la valeur d'Alceste, elle a parfaitement conscience du sort qu'elle mérite à s'être ainsi moquée de lui.

J'ai des autres ici méprisé le courroux,
Mais je tombe d'accord de mon crime envers vous. (v. 1741-1742)

L'extravagance de ce dernier l'a marquée, mais le choix de sa liberté peut la pousser à risquer de lui mentir, au moment où il découvre le billet adressé à Oronte. A ce moment précis, elle paraît n'accorder guère plus d'intelligence à Alceste qu'aux marquis. Mais peut-être n'a-t-elle pas réalisé qu'il ne fallait pas jouer avec Alceste comme avec les autres.

Mais, si c'est une femme à qui va le billet. (v. 1344)

À l'égard d'Oronte, d'Acaste, de Clitandre et d'Arsinoé, elle n'éprouve aucun repentir, lors du scandale du dernier acte. Sa complexité repose dans le choix qu'Alceste lui demande entre le jeu et la sincérité. La célèbre réplique :

La solitude effraye une âme de vingt ans. (v. 1774)

tend à prouver que Célimène épouserait volontiers Alceste, s'il n'imposait pas une résolution incompatible avec sa jeunesse, l'obligation de quitter le monde. Son refus final, qu'il provienne d'une peur réelle ou du fait qu'elle se sait incapable de tenir une telle parole, achève de forger l'obscurité de son caractère. Molière prend donc soin de laisser les deux personnages dos à dos, comme s'ils étaient des énigmes totales l'un pour l'autre.

■ Le couple Éliante/Philinte

Ce deuxième groupe se différencie du premier par le fait que ses deux membres sont parfaitement sages et modérés. Autant Alceste et Célimène étaient opposés, autant Éliante et Philinte se complètent. Pour autant, ils ne constituent pas un exemple pour Molière.

▶ Philinte apparaît pendant onze scènes. D'un naturel calme et flegmatique, il manifeste une vive amitié pour Alceste. Homme du juste milieu, il ne cède à aucune passion ; il préfère analyser la situation, observer avec amusement certains excès d'Alceste (Acte I, scène 2), et tenter d'amadouer son ami, quand ce dernier s'entête dans des actions impossibles. A la misanthropie d'Alceste, il oppose la voix de la raison :

> La parfaite raison fuit toute extrémité. (v. 150)

Il incarne l'idéal de l'honnête homme*. Mais, tout comme Alceste est sujet à plusieurs interprétations, Philinte n'échappe pas à certaines interrogations de la critique. Alors qu'Alceste hésite avant de déclarer à Oronte que son sonnet est mauvais, Philinte s'empresse de louer le poème. Or, c'est un sonnet précieux* ; il ne faut pas oublier que Molière a vivement critiqué ce courant littéraire et social dans *Les Précieuses ridicules*. Philinte, désireux de rester poli, tombe donc dans une faute de goût. En outre, le mariage qu'il conclut avec Éliante est plus un mariage de sympathie et d'estime qu'un mariage d'amour... La vive intelligence d'Alceste parvient donc à remettre en cause l'idéal de l'honnête homme*.

▶ Éliante ressemble beaucoup à Philinte, mais sa féminité s'incarne avec une tendresse bien plus évidente. Bien qu'elle ne soit présente qu'à sept scènes de la comédie, elle laisse une impression assez vive par l'intelligence et la délicatesse de son comportement. Elle tente de détendre la quatrième scène du deuxième acte par une tirade burlesque* :

> L'amour, pour l'ordinaire, est peu fait à ces lois [...] (v. 711-730)

Amoureuse d'Alceste, elle ne fait rien pour s'opposer à Célimène, bien qu'elle déteste la coquetterie de sa cousine. Elle déclare simplement à Philinte que si jamais le mariage d'Alceste et Célimène n'avait pas lieu, elle serait prête à épouser le misanthrope. Son mariage, certes, n'est pas un mariage d'amour, mais il est l'exemple même de sa discrétion : elle ne formule aucun reproche à l'égard d'Alceste et offre sans regret sa main à Philinte (v. 1795-1798). Alors que le couple qu'elle forme avec Philinte pourrait être l'idéal de l'honnêteté*, Molière se garde absolument de proposer un tel jugement.

21

■ Arsinoé, Oronte, Acaste et Clitandre

Le troisième groupe est celui de la mondanité. Il rassemble les forces extérieures qui s'opposent à l'union d'Alceste et de Célimène.

▶ Arsinoé incarne la satire des faux dévots que Molière a commencée depuis *Tartuffe*. Aigrie par la vie qu'elle mène, Arsinoé masque son *amour pour les réalités* (v. 944) et ses jalousies en se faisant passer pour une dévote. Son hypocrisie va jusqu'à pervertir les sentiments puisque c'est au nom de l'amitié qu'elle tente d'accabler Célimène lors de la scène 4 de l'acte III.

▶ Oronte est un gentilhomme qui se targue d'être poète. Il offre à Molière la possibilité de se moquer de la préciosité*. Vaniteux, il pousse la sottise jusqu'à porter le différend qui l'oppose à Alceste jusqu'au tribunal des maréchaux qui jugeait des affaires d'honneur pour empêcher les duels. Le code de l'honneur, pour lui, se limite donc à quatorze vers qu'il a composés en *un quart d'heure* (v. 314).

▶ Acaste et Clitandre, les *petits marquis*, sont prétentieux et prouvent avec ostentation leur bêtise. Maniérés et vulgaires (relire la scène 1 de l'acte III), ils incarnent une caricature de la mondanité et paraissent incapables de soutenir une conversation. Logiquement, Célimène ne fait aucun cas de leur jugement à la fin de l'œuvre.

Tout ce groupe permet à Molière de construire une satire féroce de la vie des courtisans. Franchement ridicules, ces quatre personnages font partie intégrante de la machine de combat contre la société qu'est *Le Misanthrope*. Ils jouent donc un rôle essentiel dans la structure de l'œuvre.

Les autres personnages, Du Bois, Basque et le garde ne servent qu'à faire épisodiquement avancer l'intrigue. Ils sont ce qu'on appelle des utilités théâtrales, c'est-à-dire des personnages qui interviennent à des moments précis de l'action pour permettre un rebondissement ou une détente. A ce titre, l'entrée en scène de Du Bois, à la fin du quatrième acte, est remarquable : elle entraîne une scène comique et permet la réinsertion du thème judiciaire dans le fil de la pièce.

À RETENIR

■ Les unités*

▶ La pièce se déroule dans un seul lieu : le salon de Célimène.
▶ L'unité de temps est également respectée comme le prouve le vers 1480 (acte IV, scène 4). avant la fin du jour.
▶ L'unité d'action semble aussi respectée : l'amour d'Alceste et de Célimène constitue l'action unique de l'intrigue. Mais Molière a greffé sur cette intrigue un peu simple une multitude de petits événements qui viennent animer les actes : le procès d'Alceste, sa querelle avec Oronte, la rivalité entre les marquis et le misanthrope, les manœuvres d'Arsinoé, l'amour d'Éliante... L'unité d'action en ressort donc légèrement compromise, d'autant plus que Molière prend soin, pour diversifier encore plus l'action, de mélanger les tons comique et tragique. Mais *stricto sensu*, les trois unités sont respectées.

■ La satire des mœurs

▶ *Le Misanthrope* est une pièce de combat. Elle donne l'occasion à Molière d'attaquer directement ses détracteurs, les courtisans. Toute la satire de mœurs vise à confondre les flatteurs, les hypocrites, les mauvais écrivains et les faux dévots. C'est la vie des nobles que Molière attaque dans son ensemble.

■ Le double registre

▶ Même si Alceste et Célimène sont les caractères principaux de cette comédie, les autres personnages ont tous un rôle important dans l'intrigue et sont dépeints avec une grande précision psychologique. Ils permettent à Molière de mêler dans l'intrigue des passages comiques et des passages tragiques.
▶ Le contrepoint tragique, la finesse de l'analyse des mœurs, la maîtrise du déroulement de l'intrigue achèvent de forger l'écriture de Molière.
▶ La difficulté de l'œuvre explique le grand nombre d'interprétations que chaque personnage suggère. C'est une des grandes richesses de cette pièce.

APPLICATION PRATIQUE

UNE SCÈNE D'EXPOSITION

Dans les premiers vers de la scène, Alceste s'est emporté contre son ami Philinte et lui a dit la haine qu'il vouait à l'humanité.

PHILINTE
               Mais cette rectitude
Que vous voulez en tout avec exactitude,
Cette pleine droiture où vous vous renfermez,
La trouvez-vous ici dans ce que vous aimez ?
Je m'étonne, pour moi, qu'étant, comme il le semble,
210 Vous et le genre humain, si fort brouillés ensemble,
Malgré tout ce qui peut vous le rendre odieux,
Vous ayez pris chez lui ce qui charme vos yeux ;
Et ce qui me surprend encore davantage,
C'est cet étrange choix où votre cœur s'engage.
215 La sincère Éliante a du penchant pour vous,
La prude Arsinoé vous voit d'un œil fort doux :
Cependant à leurs vœux votre âme se refuse,
Tandis qu'en ses liens Célimène l'amuse,
De qui l'humeur coquette et l'esprit médisant
220 Semblent si fort donner dans les mœurs d'à présent.
D'où vient que, leur portant une haine mortelle,
Vous pouvez bien souffrir ce qu'en tient cette belle ?
Ne sont-ce plus défauts dans un objet si doux ?
Ne les voyez-vous pas ? ou les excusez-vous ?

ALCESTE
225 Non l'amour que je sens pour cette jeune veuve
Ne ferme point les yeux aux défauts qu'on lui treuve,
Et je suis, quelque ardeur qu'elle m'ait pu donner,
Le premier à les voir, comme à les condamner.
Mais, avec tout cela, quoi que je puisse faire,
230 Je confesse mon faible : elle a l'art de me plaire ;
J'ai beau voir ses défauts et j'ai beau l'en blâmer,
En dépit qu'on en ait, elle se fait aimer :
Sa grâce est la plus forte, et sans doute ma flamme
De ces vices du temps pourra purger son âme.

(ACTE I, scène 1)

La première scène d'une œuvre théâtrale place les centres d'intérêt de l'intrigue : c'est l'exposition. L'extrait retenu se situe vers la fin de cette première scène et permet de faire démarrer l'intrigue.

■ Opposition entre les caractères

▶ Alceste est présenté comme un être pris dans ses contradictions. Le système des concessions, mis en place par Molière, souligne cet aspect.

étant comme il le semble • Malgré tout ce qui peut • Célimène • coquette

▶ Le champ lexical* moral vient montrer qu'Alceste est conscient de la situation et prouver la finesse de son jugement à l'égard de Célimène.

défauts qu'on lui trouve les voir • les condamner • blâmer • vices du temps • purger son âme

▶ Philinte est un caractère plus intérieur. Le système des interrogatives signale un esprit analytique cherchant à synthétiser le problème moral que lui pose son ami Alceste.

La trouvez-vous • dans ce que vous aimez ? • D'où vient que • ne les voyez-vous pas ou les excusez-vous ?

■ Annonce des personnages

▶ Célimène est dépeinte avec le plus de détails. C'est le champ lexical* de la mondanité qui est employé pour la dépeindre. Objet de l'amour d'Alceste, elle est la femme qui manifeste la contradiction de celui-ci.

l'humeur coquette et l'esprit médisant • les mœurs d'à présent

▶ Éliante et Arsinoé sont caractérisées en deux vers. La précision des adjectifs qualificatifs montre la concision du langage de Molière.

La sincère Éliante • la prude Arsinoé

■ Mise en place de l'intrigue

▶ Par cet extrait, le spectateur apprend que l'action principale est l'amour d'Alceste.

elle se fait aimer • Sa grâce est la plus forte

▶ Il sait que des forces s'opposent à cet amour : la mondanité, l'existence d'autres femmes que Célimène.

haine mortelle • Éliante • Arsinoé

▶ L'esprit contradictoire d'Alceste laisse présager des rebondissements multiples.

Je confesse mon faible

L'intrigue est donc nouée.

EXERCICE

LA PROGRESSION DRAMATIQUE

ALCESTE

Madame, voulez-vous que je vous parle net ?
De vos façons d'agir je suis mal satisfait.
Contre elles dans mon cœur trop de bile s'assemble,
450   Et je sens qu'il faudra que nous rompions ensemble.
Oui, je vous tromperais de parler autrement :
Tôt ou tard nous romprons indubitablement,
Et je vous promettrais mille fois le contraire
Que je ne serais pas en mesure de le faire.

CÉLIMÈNE

455   C'est pour me quereller donc, à ce que je voi,
Que vous avez voulu me ramener chez moi ?

ALCESTE

Je ne querelle point ; mais votre humeur, Madame,
Ouvre au premier venu trop d'accès dans votre âme ;
Vous avez trop d'amants[1], qu'on voit vous obséder[2],
460   Et mon cœur de cela ne peut s'accommoder.

CÉLIMÈNE

Des amants que je fais me rendez-vous coupable ?
Puis-je empêcher les gens de me trouver aimable ?
Et, lorsque pour me voir ils font de doux efforts,
Dois-je prendre un bâton pour les mettre dehors ?

ALCESTE

465   Non, ce n'est pas, Madame, un bâton qu'il faut prendre,
Mais un cœur à leurs vœux moins facile et moins tendre.
Je sais que vos appas[3] vous suivent en tous lieux ;
Mais votre accueil retient ceux qu'attirent vos yeux,
Et sa douceur, offerte à qui vous rend les armes,
470   Achève sur les cœurs l'ouvrage de vos charmes.
Le trop riant espoir que vous leur présentez
Attache autour de vous leurs assiduités ;
Et votre complaisance, un peu moins étendue,
De tant de soupirants chasserait la cohue.

(ACTE II, scène 1)

---

1. *Amants* : soupirants.
2. *Obséder* : entourer.
3. *Appas* : pouvoir de séduction.

Cette première scène du deuxième acte montre comment Molière construit la progression dramatique de sa comédie. Le commencement d'un nouvel acte apporte toujours des éléments qui permettent de faire rebondir l'intrigue, l'un d'eux étant l'apparition de Célimène.

■ Reproches et jalousie

Établissez, sous forme d'un tableau précis, le champ lexical* du reproche dans les paroles d'Alceste

Relevez les expressions qui évoquent la jalousie d'Alceste et celles qui rappellent son amour pour Célimène.

■ L'enchaînement des répliques

Par quel procédé grammatical Célimène répond-elle ?

Relevez le vocabulaire ironique* utilisé par Célimène dans cette réplique.

Quel effet produit-il ?

■ L'annonce du dénouement

Dites en quoi Alceste se conforme à la décision qu'il avait prise au premier acte.

Montrez avec précision comment Molière annonce le dénouement de sa comédie.

Qu'en conclure par rapport à l'unité d'action ?

EXERCICE

UN COUP DE THÉÂTRE

ALCESTE

    Que veut cet équipage et cet air effaré ?
    Qu'as-tu ?

DU BOIS

          Monsieur...

ALCESTE

               Hé bien ?

DU BOIS

                    Voici bien des mystères

ALCESTE

    Qu'est-ce ?

DU BOIS

          Nous sommes mal, Monsieur, dans nos affaires.

ALCESTE

    Quoi ?

DU BOIS

          Parlerai-je haut ?

ALCESTE

                Oui, parle et promptement.

DU BOIS

1440 N'est-il point là quelqu'un...

ALCESTE

               Ah ! que d'amusements [1] !
    Veux-tu parler ?

DU BOIS

            Monsieur, il faut faire retraite.

ALCESTE

    Comment ?

DU BOIS

         Il faut d'ici déloger sans trompette.

ALCESTE

    Et pourquoi ?

DU BOIS

          Je vous dit qu'il faut quitter ce lieu.

---

   1. *Amusements* : retardements.

ALCESTE
La cause ?

DU BOIS
Il faut partir, monsieur, sans dire adieu.

ALCESTE
1445 Mais par quelle raison me tiens-tu ce langage ?

DU BOIS
Pour la raison, Monsieur, qu'il faut plier bagage.

ALCESTE
Ah ! je te casserai la tête assurément,
Si tu ne veux, maraud, t'expliquer autrement.

DU BOIS
Monsieur, un homme noir et d'habit de mine
1450 Est venu nous laisser, jusque dans la cuisine,
Un papier griffonné d'une telle façon
Qu'il faudrait, pour le lire, être pis que démon.
C'est de votre procès, je n'en fais aucun doute ;
Mais le diable d'enfer, je crois, n'y verrait goutte.

ALCESTE
1455 Eh bien ! quoi ? ce papier, qu'a-t-il à démêler,
Traître, avec le départ dont tu viens me parler ?

(ACTE IV, scène 4)

■ Un coup de théâtre

L'enchaînement des répliques se fait par une stichomythie*. Pourquoi ?

....
....
....

Relevez les moyens que Molière emploie pour retarder l'information centrale de la scène.

....
....
....
....

■ Le burlesque* et la farce*

Quel effet produit l'évocation de l'homme en noir ?

....
....

Montrez que cette scène se rattache à l'opposition traditionnelle entre maître et valet.

....
....
....
....

En quoi cette péripétie joue-t-elle sur le double registre de la pièce ?

....
....
....

29

CLÉS POUR

ÉTUDIER UN THÈME LITTÉRAIRE

Nous avons vu avec la page « Clés pour analyser une œuvre littéraire » qu'un texte se caractérise par le retour d'idées dont la fréquence et l'organisation révèlent toute l'importance. Ces idées constituent les thèmes majeurs de l'œuvre.
Pour étudier ces thèmes, il faut procéder selon trois étapes.

UNE PREMIÈRE QUESTION : de quoi parle l'œuvre ?

CE QUE VOUS DEVEZ FAIRE : regrouper les textes qui abordent les mêmes notions et les comparer.

Le misanthrope, comme son nom l'indique, hait le genre humain ; la pièce pose donc la question de la vie en société, de la misanthropie. Il faudra étudier ce thème.

UNE DEUXIÈME QUESTION : comment les thèmes sont-ils traités ?

CE QUE VOUS DEVEZ FAIRE : repérer la manière dont le thème est traité, étudier sa place dans l'œuvre : pour cela, travailler sur les mots, les images, les constructions de phrases...

La misanthropie est d'abord reliée à la médecine des humeurs. Mais son traitement connaît un élargissement progressif : la « maladie » d'Alceste permet dans un premier temps de remettre en cause le milieu de la Cour et dans un second temps l'ensemble de la vie sociale.

UNE TROISIÈME QUESTION : quelles sont les intentions de l'auteur ?

CE QUE VOUS DEVEZ FAIRE : étudier la fonction du thème par rapport à l'œuvre. Un thème illustre une intention philosophique, morale ou esthétique de l'auteur.

À travers la remise en cause d'un milieu social parfaitement défini — la Cour —, ce sont toutes les lois de la moralité qui sont visées.

Le Misanthrope
THÈMES

L'étude du *Misanthrope* regroupera les thèmes suivants :
THÈME 1 : la misanthropie.
THÈME 2 : la politesse.
THÈME 3 : le discours de l'amour.
THÈME 4 : le comique et le contrepoint tragique.
Ces quatre thèmes n'épuisent pas l'étude du *Misanthrope*. D'autres thèmes pourraient être abordés : la satire des mœurs, l'image de la femme, la contradiction...

La misanthropie

Lors de la création du *Misanthrope*, Molière lui-même tient le rôle d'Alceste. Il y attache une valeur d'autant plus importante que ce personnage lui donne les moyens de contester la société de son temps, en attaquant les fondements moraux qui la règlent. Alceste étant un grand seigneur, la contestation de Molière vise, par conséquence, essentiellement l'organisation sociale de la Cour. Alceste, en effet, refuse de se conformer aux différentes règles qui définissent la vie du courtisan.

Le misanthrope, un rôle créé par Molière

En disant, au vers 118, qu'il hait *tous les hommes*, il justifie son attitude par rapport à la nature des hommes. De cette façon, sa misanthropie dépasse le cadre strict de la Cour pour atteindre l'ensemble des lois sociales qui régissent l'humanité. Son amour pour Célimène révèle ces attaques et donne au *Misanthrope* une atmosphère tragique. Sa décision de fuir le monde établit une critique radicale de la société et la déstabilise.

Pour cerner la misanthropie d'Alceste, retenons tout d'abord qu'elle se porte sur des haines et des aversions particulières. Par la suite, il sera possible de montrer que celle-ci touche toute la société du XVIIᵉ siècle et, enfin, que l'idéal de l'honnête homme* et toute la société sont remis en cause par Alceste.

Une dénonciation généralisée

31

■ Les haines d'Alceste

Dès la première scène, le spectateur apprend la haine « générale » qu'Alceste porte à la nature humaine. Les personnages qui interviennent dans la comédie sont presque tous impliqués dans cette haine.

Le regard sur l'autre et la haine

▶ A son ami Philinte, Alceste reproche sa trop grande politesse. Pour lui, Philinte appartient aux *cœurs corrompus* (v. 12). Alceste ne veut donc plus de l'amitié de ce *vil complaisant* (v. 326) : *Moi, votre ami ? Rayez cela de vos papiers* (v. 5). Alceste assimile la politesse à de l'hypocrisie ; dédaignant les autres qualités de Philinte, il préfère l'inclure dans sa haine des hommes.

▶ Ce n'est pas seulement sa politesse qu'il reproche à Célimène ; il ne supporte pas sa coquetterie et sa trop grande ouverture au monde : *tout l'univers est bien reçu de vous* (v. 496). Alors qu'elle lui dit l'amour qu'elle lui porte (v. 503), elle s'entend finalement reprocher, de manière parfaitement intransigeante, de ne pas s'engager dans cet amour : *Non, mon cœur à présent vous déteste* (v. 1779). La misanthropie d'Alceste englobe donc une intransigeance qui, nous le verrons, pourra aller jusqu'à l'amour-propre*.

▶ Cependant le refus de l'hypocrisie est sans doute le fil directeur qui motive l'attitude d'Alceste en face d'Oronte, d'Acaste, de Clitandre et d'Arsinoé

La dénonciation majeure : l'hypocrisie

Oronte, incapable de briser *les démangeaisons qui nous prennent d'écrire* (v. 346), est haï pour son ridicule. Là encore, la réaction d'Alceste ne souffre aucune demi-mesure puisqu'il affirme qu'un homme est *pendable* (v. 772) pour avoir écrit un tel sonnet.

Rien n'est reproché directement à Arsinoé par Alceste. La froideur de la réplique qu'il lui lance, à la fin de l'acte V, laisse pourtant pressentir qu'il n'est pas dupe de sa fausse dévotion (v. 1716-1722). Alceste ne ressent que de l'indifférence pour elle.

Clitandre et Acaste, en revanche, sont réellement blâmés par le misanthrope. Il dénonce leur hypocrisie et leur servilité :

> *Vous n'en épargnez point, et chacun a son tour.*
> *Cependant aucun d'eux à vos yeux ne se montre*

> *Qu'on ne vous voit en hâte aller à sa rencontre* (v. 652-654).

Alceste raille à travers eux l'esprit d'ostentation.

▶ Mais son ennemi principal est le *franc scélérat avec qui [il a] procès* (v. 124). Ce dernier n'apparaît jamais. Toutefois Alceste le dépeint avec suffisamment de précisions pour que le spectateur comprenne le motif de sa haine. Rustre et sans éducation, ce *pied plat* (v. 129) est un *traître* (v. 125), un homme parvenu aux plus hauts rangs grâce aux *sales emplois* (v. 130) qu'il a accomplis et grâce à *ses roulements d'yeux et son ton radouci* (v. 127) qui font penser à Tartuffe. Cet ennemi absent est, en fait, la figure de la société contre laquelle se cristallisent les haines d'Alceste.

Le *franc scélérat* : une figure de toute la société

Sa misanthropie atteint tout son entourage, sauf Éliante ; elle participe de son intransigeance qui le pousse parfois dans une outrance ridicule, vis-à-vis de Philinte, par exemple ; elle prend, avec le procès qui l'abat au dernier acte, une valeur morale qui implique le XVIIᵉ siècle.

■ Le rejet de la société

Ce refus se situe sur deux niveaux : l'organisation judiciaire et la composition de la société.

La dénonciation des mécanismes sociaux

▶ Dès la scène 1, Alceste manifeste son opposition à tout ce qui est procédure judiciaire. Pensant qu'il est dans son bon droit, il estime qu'il ne doit ni se défendre, ni solliciter les juges (v. 182-200). Et, lorsqu'il apprend, au dernier acte, qu'il a perdu son procès, il n'accepte pas l'idée de pouvoir faire appel de la décision :

PHILINTE :
> *Il vous est, en justice, aisé d'y revenir,*
> *Et contre cet arrêt [...]*

ALCESTE :
> *Non, je veux m'y tenir.*
> *Quelque sensible tort que cet arrêt me fasse,*
> *Je me garderai bien de vouloir qu'on le casse [...]*
> (v. 1539-1542).

Toute la lourdeur de la justice se trouve contestée. Pourquoi se soumettre à une sorte de rituel judiciaire qui repose sur le paraître quand la cause défendue est juste ? Pourquoi devoir solliciter, c'est-à-dire, au XVIIᵉ siècle, travailler avec empressement à faire réussir une affaire et offrir des « cadeaux » à ses juges ?
Car la justice est corrompue, le discours d'Alceste

Le refus du compromis

est limpide. Il est relayé par celui de Philinte qui parle de *cabale* (v. 194), mais aussi par celui de Célimène. Étant elle-même en procès, elle justifie son attachement pour Clitandre parce qu'*Il peut intéresser tout ce qu'il a d'amis* (v. 492). Il devient alors nécessaire d'intriguer si l'on veut gagner son procès.

▶ Or, le fait d'intriguer s'applique, selon Alceste, à toute la noblesse dans laquelle il ne voit que parvenus, aidés par la Cour, qu'hypocrites ayant gagné leur réputation par leurs mines :

> *Le ciel ne m'a point fait, en me donnant le jour,*
> *Une âme compatible avec celle de la cour ;*
> *[...]*
> *Et qui n'a pas le don de cacher ce qu'il pense*
> *Doit faire en ce pays fort peu de résidence*
> (v. 1083-1084 et v. 1089-1090).

La société de Louis XIV reçoit ici des attaques dans le principe même de son organisation : Alceste refuse une noblesse de cour, centralisée et asservie par le désir de plaire.

■ La remise en cause de l'honnête homme*

Ce désir de plaire s'accompagne, à la Cour, de l'exigence d'honnêteté.

▶ L'honnête homme est un être qui accepte la vie en société. Recherchant la présence des femmes, il fait preuve d'un esprit ouvert et délicat. En matière d'amour, il se délecte des préciosités de la carte de Tendre*, publiée dans le roman de Mlle de Scudéry : *Clélie*. En matière morale ou philosophique, il recherche le juste milieu, c'est-à-dire la mesure et la pondération en toute matière, le refus de tout comportement extrême.

• Or, Alceste ne veut pas se soumettre au code amoureux de son époque. La chanson opposée au sonnet d'Oronte est remarquable à ce titre :

> *Si le roi m'avait donné*
> *Paris, sa grand'ville,*
> *Et qu'il me fallût quitter*
> *L'amour de ma mie,*
> *Je dirais au roi Henri :*
> *« Reprenez votre Paris*
> *J'aime mieux ma mie. »* (v. 393-400).

Entre la possession de Paris et celle de la mie, le chanteur n'hésite pas. Un tel réalisme ne se serait pas rencontré sous la plume d'un honnête homme amoureux.

• Plus encore, en reprochant à Célimène de recevoir *tout l'univers*, il refuse l'une des caractéristiques de la vie honnête : pouvoir s'astreindre aux regards de tous, quelle que soit la situation.

• Comme écrit La Rochefoucauld, « le vrai honnête homme est celui qui ne se pique de rien » (*Maximes*, 203). Les colères d'Alceste l'éloignent fort de cet idéal. Au contraire, Alceste est un être entier qui n'accepte aucune pondération dans ses jugements, aucun juste milieu dans ses actes. Et, lorsqu'il refuse de plaire, estimant que ce comportement tient uniquement de l'artifice, il rejette non seulement les marquis et Oronte, mais aussi Célimène et Philinte, et avec eux les mœurs de son temps.

▶ Le sens de sa retraite hors du monde à la fin de la comédie semble être le refus de son temps. Tout se passe comme si Alceste regrettait une autre époque, celle où il était possible d'être *homme d'honneur* en toute *liberté* (v. 1806). Cette nostalgie de l'héroïsme est ressentie par Éliante. Ne s'écrie-t-elle pas :

La misanthropie : idéalisation d'une époque passée

> *Et la sincérité dont son âme se pique*
> *A quelque chose en soi de noble et d'héroïque* (v. 1165-1166).

En réaction contre son époque, Alceste porte en lui les valeurs d'une sorte d'âge d'or qui permet la construction de son idéalisme. Son désir de sincérité acquiert ainsi l'épaisseur d'une réalité qui aurait, presque « mythiquement », existé.

▶ Qu'Alceste soit attaché ou non à une époque révolue, sa misanthropie attaque l'homme et toute la société. Appartenant à la lignée des personnages frondeurs, comme Tartuffe et Don Juan, Alceste développe un discours cohérent que Molière ne juge jamais et qu'aucun personnage ne peut désamorcer.

Toute la société est remise en cause par Alceste

APPLICATION PRATIQUE

UNE HAINE CONTRE TOUTE L'HUMANITÉ

ALCESTE

Non, elle[1] est générale, et je hais tous les hommes,
Les uns parce qu'ils sont méchants et malfaisants,
120 Et les autres pour être aux méchants complaisants,
Et n'avoir pas pour eux ces haines vigoureuses
Que doit donner le vice aux âmes vertueuses.
De cette complaisance on voit l'injuste excès
Pour le franc scélérat avec qui j'ai procès ;
125 Au travers de son masque on voit à plein le traître,
Partout il est connu pour tout ce qu'il peut être,
Et ses roulements d'yeux et son ton radouci
N'imposent qu'à des gens qui ne sont pas d'ici.
On sait que ce pied plat[2], digne qu'on le confonde,
130 Par de sales emplois s'est poussé dans le monde,
Et que par eux son sort, de splendeur revêtu,
Fait gronder le mérite et rougir la vertu.
Quelques titres honteux qu'en tous lieux on lui donne,
Son misérable honneur ne voit pour lui personne :
135 Nommez-le fourbe, infâme et scélérat maudit,
Tout le monde en convient et nul n'y contredit.
Cependant sa grimace est partout bien venue ;
On l'accueille, on lui rit, partout il s'insinue,
Et s'il est par la brigue, un rang à disputer,
140 Sur le plus honnête homme on le voit l'emporter.
Têtebleu ! ce me sont de mortelles blessures
De voir qu'avec le vice on garde des mesures,
Et parfois il me prend des mouvements[3] soudains
De fuir dans un désert l'approche des humains.

(ACTE I, scène 1)

Ce texte est une tirade*, c'est-à-dire une longue réplique où un personnage définit son système de valeurs ou apporte à l'intrigue un nouvel élément. On oppose la tirade à la réplique et au monologue où l'acteur parle seul sur la scène.

---

1. *Elle* : l'aversion que voue Alceste à la nature humaine.
2. *Pied plat* : homme sans éducation, sans doute un roturier.
3. *Mouvements* : impulsions incontrôlées.

■ Réquisitoire et colère

▶ Par le champ lexical* du jugement, Alceste dresse un réquisitoire contre la société (*cf.* la violence des adjectifs).

je hais tous les hommes • méchants • malfaisants • complaisants

▶ Par un portrait, Alceste poursuit son plaidoyer. Le vocabulaire péjoratif renforce sa colère. L'emploi du *on* et l'utilisation du présent de vérité générale permet d'associer tous les hommes à la dénonciation.

on voit l'injuste excès • ce pied plat • fourbe, infâme • On l'accueille

▶ La colère débouche sur une injure, Alceste ne se maîtrise plus.

Têtebleu !

■ La psychologie d'Alceste

▶ L'utilisation d'un vocabulaire absolu et l'usage des déterminants soulignent l'intransigeance d'Alceste.

Non • haines vigoureuses âmes vertueuses • vertu

▶ Le vocabulaire moral et les énumérations conduisent à un sentiment de blessure qui rappelle la mélancolie (l'humeur) d'Alceste.

fourbe, infâme et scélérat • mortelles blessures

▶ Le désir final d'Alceste annonce l'issue de la comédie, et pose l'opposition entre la morale des salons et l'image du désert.

mouvements soudains • fuir dans un désert l'approche des humains

À RETENIR

■ La misanthropie d'Alceste oscille d'une dénonciation particulière à une haine « générale ».

■ Ce mouvement permet l'effet dramatique des violentes colères du misanthrope. Celles-ci lui servent à exprimer son sentiment.

■ La composition de la tirade met en place l'opposition entre le salon et le désert qui soutient l'image tragique d'Alceste.

EXERCICE

LE REFUS DE LA FLATTERIE

Ce texte complète celui qui précède, en montrant comment Alceste répond à la tentative de séduction qu'Arsinoé mène à son égard. Refusant toute flatterie, le misanthrope se campe dans une intransigeance où perce une certaine ironie*.

ALCESTE

Et que voudriez-vous, Madame, que j'y fisse ?
L'humeur dont je me sens veut que je m'en[1] bannisse.
Le Ciel ne m'a point fait, en me donnant le jour,
Une âme compatible avec l'air de la cour ;
1085 Je ne me trouve point les vertus nécessaires
Pour y bien réussir et faire mes affaires.
Être franc et sincère est mon plus grand talent,
Je ne sais point jouer les hommes en parlant ;
Et qui n'a pas le don de cacher ce qu'il pense
1090 Doit faire en ce pays fort peu de résidence.
Hors de la cour, sans doute[2], on n'a pas cet appui,
Et ces titres d'honneur qu'elle donne aujourd'hui ;
Mais on n'a pas aussi, perdant ses avantages,
Le chagrin de jouer de fort sots personnages.
1095 On n'a point à souffrir mille rebuts cruels,
On n'a point à louer les vers de Messieurs tels ?
A donner de l'encens à Madame une telle,
Et de nos francs marquis essuyer la cervelle[3].

(ACTE III, scène 5)

■ Une séduction à l'envers

Comment nomme-t-on une prise de parole comme celle-ci ? ....

Quelle est son utilité dans le développement de l'intrigue ? ....

1. *En* : la Cour.
2. *Sans doute* : assurément.
3. *Essuyer la cervelle* : supporter la bêtise de quelqu'un.

De quel personnage type de Molière Alceste prend-il le contrepied ?

◼ La stratégie du discours d'Alceste

Quel genre de portrait Alceste dresse-t-il de lui-même dans sa réponse à Arsinoé ? Pourquoi ? (Faites bien attention à l'usage des verbes et à l'emploi des formules de négation.)

Quelles idées semblables à celles de l'extrait précédent retrouvez-vous ici ?

Montrez que le ton du misanthrope a évolué vers une plus grande ironie*.

Relevez avec précision les mots qui construisent cette ironie.

En quoi les trois derniers vers attaquent-ils Oronte, Arsinoé et les marquis ?

◼ La satire de la société

A quoi est-il fait allusion au vers 1092 ?

Montrez que le principe même de l'organisation de la Cour est contesté par cette longue prise de parole d'Alceste.

Attachez-vous à noter, à partir des pronoms personnels, tous les points qui sont remis en cause.

Expliquez en quoi l'attitude d'Alceste est motivée par un refus de toute la société.

La politesse

Le théâtre est le miroir de la société et donc des habitudes sociales. L'exigence d'honnêteté se manifeste à la Cour par une obligation qui concerne toute la noblesse : la politesse. Un courtisan doit chercher à être agréable à tous ceux qu'il rencontre et à se faire aimer de tous. Ainsi la politesse participe de l'art de plaire ; elle se définit également en vertu de trois autres notions : la médisance, la sincérité et l'amour-propre.

> **La politesse : une question de morale**
>
> **La Cour ou la société de la politesse**

■ Politesse et art de plaire

La morale qui peut associer la politesse à la nécessité de se faire aimer est une morale optimiste. Elle repose sur une croyance en la nature humaine et se manifeste par une réelle bienveillance envers son prochain.

> **Une morale optimiste**

▶ Éliante incarne cette bienveillance. L'adjectif *sincère* qui la caractérise (v. 215), tout comme le ton qu'elle prend pour tracer les portraits d'Alceste ou de Célimène (acte IV, scène 1) le prouvent. Chez elle, la générosité et la politesse ne conduisent à aucune tactique. Sa droiture lui permet d'aimer le monde et de se faire aimer de lui en retour.

> **Éliante : les qualités de l'aristocratie**

▶ Parmi les autres personnages de la comédie, Éliante fait exception. Même Philinte reste en deçà d'une telle intégrité.
Dès la première scène, on peut surprendre en lui des paroles franchement pessimistes :

> *Le monde par vos soins ne se changera pas*
> *[...]*
> *Oui, je vois ces défauts, dont votre âme murmure,*
> *Comme vices unis à l'humaine nature.*
> (v. 103 et v. 173-174).

Être poli, Philinte le sait, équivaut à plaire à des individus en qui il est parfois difficile de croire. Et Philinte d'adopter cette attitude devant le sonnet d'Oronte :

> **Être poli : plaire à tout le monde**

> *Ah ! qu'en termes galants ces choses-là sont mises !*
> (v. 325).

De cette façon, il s'installe dans une logique de séduction.

▶ On comprend dès lors l'importance de l'amitié dans ce jeu de la politesse. Avoir l'amitié de quelqu'un entraîne la certitude de ne pas enfreindre la politesse. Mais ces protestations d'amitié ne suscitent souvent que faux-semblants.

Le rôle de l'amitié

■ Le monde de la médisance

▶ Ainsi, Arsinoé, sous couvert d'une franche amitié, vient calomnier Célimène :

Faux-semblants

> [...] L'amitié doit surtout éclater
> Aux choses qui le plus peuvent nous importer.
> (v. 879-880).

Et la jeune veuve lui répond, en usant du même argument :

> Je veux suivre à mon tour un exemple si doux
> En vous avertissant de ce qu'on dit de vous. (v. 919-920).

La politesse est maintenue, mais ne sert qu'à mettre en avant la haine entre deux personnages, c'est-à-dire le contraire de ce pour quoi elle est faite. Elle devient une sorte d'outil social permettant de donner libre cours à la médisance.

▶ Et la médisance ne laisse pas de ponctuer tous les portraits de Célimène pendant la quatrième scène du deuxième acte. Elle les dresse avec un grand luxe de détails accablants. Toutefois, ces portraits suscitent l'admiration de tous comme si se moquer des absents constituait une façon d'être poli.

Le discours de la dépréciation

▶ Une forme plus mesquine de la « médisance polie » se loge dans la flatterie. Pour flatter quelqu'un, il suffit de grossir les qualités de celui qu'on cherche à séduire. Ce discours exagéré, comme celui des portraits de Célimène, est proche du mensonge. Il ne vise qu'à se faire aimer. Arsinoé, par exemple, cherche à séduire Alceste en lui disant :

Le discours de l'exagération

> Un mérite éclatant se déterre lui-même ;
> Du vôtre, en bien des lieux, on fait cas extrême ;
> Et vous saurez de moi qu'en deux fort bons endroits
> Vous fûtes hier loué par des gens d'un grand poids.
> (v. 1065-1068).

Alceste, bien sûr, reconnaît la flatterie et n'y succombe pas. Il n'empêche que le discours d'Arsinoé est motivé par le désir d'être aimé. La politesse conduit donc à l'opposé de l'idéal de sincérité d'Alceste.

■ La politesse confrontée au langage de la sincérité

▶ Alceste se proclame l'apôtre de la sincérité :

> Je veux qu'on soit sincère, et qu'en homme d'honneur
> On ne lâche aucun mot qui ne parte du cœur. (v. 35-36)

Aussitôt, se pose un problème moral : il s'agit de concilier cette franche sincérité avec la politesse qui demande louanges ou flatteries.

Alceste : l'homme sincère

▶ La scène du sonnet illustre cette difficulté, tout en plaçant la réflexion sur la politesse dans le cadre d'une réflexion sur le langage. Philinte y applique le code mondain tandis qu'Alceste sombre dans une réelle contradiction :

> Mais un jour, à quelqu'un dont je tairai le nom,
> Je disais, en voyant des vers de sa façon [...]
> (v. 343-350).

Les hésitations d'un mélancolique

Que fait Alceste devant Oronte ? Il invente une histoire avant de prononcer son jugement. Autant dire qu'il ment, en cherchant à adoucir poliment sa pensée. Il reste prisonnier des habitudes mondaines et use de précautions avant de donner son avis. La sincérité devient une sorte de but impossible à atteindre parce qu'elle se heurte d'abord à l'obstacle de la langue qui repose sur des conventions impossibles à contourner.

▶ Dès lors Éliante prouve qu'une forte sincérité entraîne la flatterie ;

> La pâle est au jasmin en blancheur comparable ;
> La noire à faire peur, une brune adorable [...]
> (v. 717-730)

Amour sincère et langage trompeur

Cette longue tirade dit que l'amour sincère transforme en beauté tous les défauts qui pourraient affecter la personne qu'on aime. Ainsi le langage devient principe de flatterie et la sincérité ne peut pas s'accorder à la vérité. Alceste veut dépasser cette constatation :

> Oui, je voudrais qu'aucun ne vous trouvât aimable
> [...]
> Afin que de mon cœur l'éclatant sacrifice
> Vous pût d'un pareil sort réparer l'injustice,
> Et que j'eusse la joie et la gloire, en ce jour,
> De vous voir tenir tout des mains de mon amour.
> (v. 1425-1432)

Or le mot gloire* le plonge dans un nouvel écueil : l'amour-propre.

■ Politesse et amour-propre*

Ce défaut a été analysé par Pascal et La Rochefoucauld. Le premier écrit dans les *Pensées* : « La nature de l'amour-propre et de ce

La sincérité victime de l'amour-propre*

Moi humain est de n'aimer que soi et de ne considérer que soi. » Et le second, dans ses *Maximes* : « L'amour-propre est le plus grand des flatteurs. »

▶ Logiquement, Alceste devrait y échapper. Mais plusieurs fois son orgueil prend le dessus de la sincérité. Il refuse d'aller à la Cour pour ne pas se mêler à la foule des ambitieux (*cf.* acte II, scène 5). La perte de son procès l'affecte plus par la déconsidération dont risque de souffrir son « bon droit » que par les conséquences matérielles qui peuvent en découler.

▶ L'aspect pathétique de son attitude découle de son immense contradiction ; il refuse l'amour-propre* et sombre dedans au moment où il maudit Célimène :

Allez, je vous refuse, et ce sensible outrage
De vos indignes fers à jamais me dégage. (v. 1783-1784).

Juger Célimène indigne de lui, c'est pour Alceste montrer combien il s'estime et prouver son amour-propre.

▶ En voulant se détacher de la société, Alceste se démarque des autres personnages. Il met en valeur son propre intérêt et fait preuve d'une exigence incompatible avec la politesse : *Je veux qu'on me distingue* (v. 63). Pour que son désir se réalise, il lui faut être aimé de tous ou bien être hors du monde.

Les exigences impossibles d'Alceste

THÈME 2 Le Misanthrope

APPLICATION PRATIQUE

LA MÉDISANCE CONTREDITE

ACASTE, à *Célimène*

Dieu me damne ! Voilà son portrait[1] véritable.

CLITANDRE

650 Pour bien peindre les gens vous êtes admirable !

ALCESTE

Allons, ferme, poussez, mes bons amis de cour !
Vous n'en épargnez point, et chacun à son tour.
Cependant aucun d'eux à vos yeux ne se montre
Qu'on ne vous voie en hâte aller à sa rencontre,
655 Lui présenter la main et d'un baiser flatteur
Appuyer les serments d'être son serviteur.

CLITANDRE

Pourquoi s'en prendre à nous ? Si ce qu'on dit vous blesse,
Il faut que le reproche à Madame s'adresse.

ALCESTE

Non, morbleu ! c'est à vous ; et vos ris[2] complaisants
660 Tirent de son esprit tous ces traits médisants,
Son humeur satirique est sans cesse nourrie
Par le coupable encens de votre flatterie,
Et son cœur à railler trouverait moins d'appas[3]
S'il avait observé qu'on ne l'applaudît pas.
665 C'est ainsi qu'aux flatteurs on doit partout se prendre
Des vices où l'on voit les humains se répandre.

PHILINTE

Mais pourquoi pour ces gens un intérêt si grand,
Vous qui condamneriez ce qu'en eux on reprend ?

CÉLIMÈNE

Et ne faut-il pas bien que Monsieur contredise ?
670 A la commune voix veut-on qu'il se réduise,
Et qu'il ne fasse pas éclater en tous lieux
L'esprit contrariant qu'il a reçu des Cieux ?
Le sentiment d'autrui n'est jamais pour lui plaire,
Il prend toujours en main l'opinion contraire,
675 Et penserait paraître un homme du commun
Si l'on voyait qu'il fût de l'avis de quelqu'un.

---

1. *Portrait* : Célimène vient d'achever la satire du courtisan Damis.
2. *Ris* : rire.
3. *Appas* : attirance, objet qui la provoque.

L'honneur de contredire a pour lui tant de charmes
Qu'il prend contre lui-même assez souvent les armes,
Et ses vrais sentiments sont combattus par lui
680 Aussitôt qu'il les voit dans la bouche d'autrui.

ALCESTE

Les rieurs sont pour vous, Madame, c'est tout dire,
Et vous pouvez pousser contre moi la satire.

(ACTE II, scène 4)

■ Le refus de la parole vraie

▶ L'exclamation redondante des petits marquis souligne la fausse louange et illustre la flatterie.
▶ Le vers 659 place Alceste dans une parole fausse dans la mesure où il refuse d'attaquer directement Célimène.
▶ Célimène élude le reproche, en ayant soin d'utiliser une énonciation indirecte et de construire un portrait détourné d'Alceste.

Dieu me damne ! • vous êtes admirable

Non, morbleu ! c'est à vous ; et vos ris complaisants

Et ne faut-il pas que • L'honneur de contredire • paraître un homme du commun

■ La colère d'Alceste

▶ Alceste interrompt la complicité qui réunit les marquis, Philinte et Éliante autour de Célimène. Il met en avant le paradoxe de l'attitude des courtisans, en utilisant un vocabulaire violent.
▶ Le ton du misanthrope va de l'ironie* à l'emportement. Son vocabulaire traduit une remise en cause de la société.
▶ Il brise la règle de la politesse à la grande surprise des marquis. Ceux-ci ne pouvaient pas s'attendre à une telle attaque.

Allons, ferme, poussez • le coupable encens

Vous n'en épargnez point • morbleu ! • complaisants... traits médisants • vices

Il faut que le reproche à Madame s'adresse

■ La contradiction d'Alceste

▶ L'interrogation de Philinte, qui garde un ton grave, amorce le renversement de la situation.
▶ L'ironie* mordante de Célimène met en avant la contradiction d'Alceste ; elle en profite pour se moquer de lui. Le portrait détourné s'organise autour du vocabulaire de la contradiction.
▶ La défaite d'Alceste est totale : on se rit de lui. Son expression garde cependant une certaine lucidité et oppose le Moi au reste du monde.

Vous qui condamneriez ce qu'en eux on reprend

A la commune voix • se réduire • l'esprit contrariant • contre lui-même

pousser contre moi la satire

EXERCICE

LE LANGAGE DÉCODÉ

Ainsi que nous l'avons souligné, la scène 2 de l'acte I est pour Alceste une mise en application de ses propres positions. Confronté au sonnet précieux* d'Oronte, il finit par faire ce jugement et cette contre-proposition.

ALCESTE

Franchement, il[1] est bon à mettre au cabinet[2].
Vous vous êtes réglé sur des méchants modèles,
Et vos expressions ne sont point naturelles.
Qu'est-ce que « nous berce un temps notre ennui » ?

380   Et que « Rien ne marche après lui » ?
Que « Ne vous pas mettre en dépense
Pour me donner que l'espoir » ?
Et que « Philis on désespère
Alors qu'on espère toujours » ?

385 Ce style figuré dont on fait vanité,
Sort du bon caractère et de la vérité,
Ce n'est que jeu de mots, qu'affectation pure,
Et ce n'est point ainsi que parle la nature,
Le méchant goût du siècle en cela me fait peur ;

390 Nos pères, tout grossiers[3], l'avaient beaucoup meilleur,
Et je prise moins bien tout ce que l'on admire
Qu'une vieille chanson que je m'en vais vous dire :

Si le roi m'avait donné
Paris, sa grand'ville,
Et qu'il me fallût quitter
L'amour de ma mie,
Je dirais au roi Henri :
« Reprenez votre Paris,
J'aime mieux ma mie, au gué,
400   J'aime mieux ma mie. »

La rime n'est pas riche, et le style en est vieux ;
Mais ne voyez-vous pas que tout cela vaut mieux
Que ces colifichets[4] dont le bon sens murmure,
Et que la passion parle là toute pure ?

---

1. *Il* : le sonnet d'Oronte.
2. *Cabinet* : petite pièce située à l'écart ; le sens moderne n'apparaît que vers 1690 ; l'expression est cependant très péjorative.
3. *Tout grossiers* : bien qu'ils fussent grossiers.
4. *Colifichets* : ornements frivoles et de mauvais goût.

■ Une explication de texte

Relevez le vocabulaire critique utilisé par Alceste. Contre quel type d'expression artistique s'articule tout son jugement ?

....
....
....
....
....

Expliquez avec précision ce que sont pour Alceste la vérité et le naturel dans le domaine artistique.

....
....
....
....

■ La contre-proposition

Dressez la liste des détails qui permettent de dire que la chanson d'Alceste correspond aux valeurs artistiques d'une époque révolue

....
....
....
....
....
....

Montrez, en axant votre réponse sur l'aspect moral des critiques d'Alceste, que sous l'apparence comique de la réplique perce le tragique sous-jacent.

....
....
....
....
....
....

À RETENIR

Alceste et l'art de plaire

■ Plaire signifie à la Cour se faire aimer. C'est la règle de vie.

■ Alceste attaque cette convenance sociale :
• parce qu'il refuse la flatterie (*cf.* acte I, scène 2) ;
• parce qu'il se fixe la sincérité comme règle de vie morale (*cf.* acte II, scène 4).

■ Son amour-propre* l'entraîne dans de grandes contradictions.

CLÉS POUR

L'ÉTUDE DE LA FORME ET DE SES SIGNIFICATIONS

Lorsque vous lisez une œuvre littéraire, vous ne devez jamais oublier que vous êtes en présence d'une forme spécifique. En effet le premier choix de l'écrivain est celui d'une forme précise, celle du genre littéraire.

Avec *Le Misanthrope ou L'Atrabilaire amoureux*, nous sommes confrontés à une comédie. Il s'agit donc, pour nous, de retrouver les éléments spécifiques du théâtre et de la comédie. La forme de l'expression et du contenu d'une œuvre apporte des renseignements importants sur la substance du message que retient l'auteur.

Analyse de la forme du *Misanthrope*

L'essentiel pour Molière, comme pour tous les grands dramaturges, est le spectacle. La représentation théâtrale obéit d'abord aux exigences d'une esthétique voulue par un auteur et, chez Molière, aux impératifs du spectacle. Il écrit dans *La Critique de l'École des femmes*, en 1663 : « Je voudrais bien savoir si la grande règle de toutes les règles n'est pas de plaire. »

Molière et le théâtre classique :
alors que dans *Dom Juan*, Molière n'avait pas respecté la règle des trois unités*, il s'y astreint dans *Le Misanthrope*. Mais il dépasse ces contraintes, en multipliant les événements au sein de la seule intrigue et en laissant paraître un contrepoint tragique au destin d'Alceste.

Molière et la perfection du spectacle :
avec *Le Misanthrope*, Molière parvient à écrire une œuvre qui correspond totalement aux préceptes esthétiques et moraux qui dominent le théâtre de son époque. Cette comédie vise non seulement à « plaire » mais aussi à « instruire » les hommes des travers de l'humanité. Elle cherche, tout comme l'auteur l'écrit pour *Tartuffe*, à « corriger les vices des hommes ».

TROIS GRANDS PERSONNAGES
DES COMÉDIES DE MOLIÈRE

■ Tartuffe

La première version de la comédie fut interdite par le roi en 1664. L'œuvre que nous connaissons fut créée en 1669. Les raisons d'une telle censure tiennent à la personnalité de Tartuffe qui révèle sans complaisance la fausse dévotion de la Cour.

Plus que la psychologie de l'hypocrite, Molière a fixé dans le discours de son personnage les constantes d'un être dévoré par le désir interdit. Et ce désir affecte la chair, comme le prouvent ses relations avec Elmire, mais surtout la maîtrise totale d'un pouvoir. S'il joue le personnage du faux dévot, c'est d'abord pour prendre possession de toute la maison d'Orgon, et ainsi mener à bien son appétit de force. Son désir participe donc d'un interdit social, politique et moral.

■ Don Juan

Créée en 1665, la comédie *Dom Juan* reprend l'un des mythes les plus importants de la littérature occidentale. Sous les traits de l'éternel séducteur, Molière met en scène un personnage dont l'excès est ancré dans le désir d'une multiplicité absolue. Don Juan est celui qui décide de la maîtrise de son destin, au point de ne plus se soucier d'une divinité qui ne s'accommoderait pas de ses désirs. Son discours de liberté absolue impose le choix d'une vie où l'homme est entièrement et durablement livré à lui-même.

■ Le misanthrope

La comédie fut créée en 1666. L'excès, caractéristique d'Alceste, est sans doute le versant opposé à la liberté de Don Juan, puisqu'il se définit dans un langage de l'exclusivité. Celle-ci se remarque dans le discours amoureux qu'Alceste tient à Célimène, mais aussi dans le principe de sincérité auquel s'attache l'atrabilaire amoureux. Et c'est parce que ce principe est vécu avec excès qu'Alceste doit fuir le monde.

Le discours de ces trois personnages est toujours celui de l'excès. Personne ne peut le désamorcer. Il faut une ruse pour confondre Tartuffe, la statue du Commandeur pour faire disparaître Don Juan, et les propres contradictions d'Alceste pour lui faire fuir le monde.

Le discours de l'amour

L'espace théâtral est, pour reprendre le titre d'une pièce de Claudel, le lieu de *l'échange* ; et, parmi les liens qui se créent pendant la représentation d'une pièce, le sentiment amoureux occupe souvent une place fondamentale. Molière écrit *Le Misanthrope* juste après *Dom Juan* qui confronte le thème de l'amour à celui de l'inconstance et de la liberté. Le sentiment amoureux n'a donc pas la même valeur dans ces deux pièces, bien qu'il constitue l'un des ressorts fondamentaux de l'intrigue du *Misanthrope*. Il touche en effet les personnages clés de l'intrigue et pose ainsi des problèmes de stratégies amoureuses qui impliquent pour chacun un discours amoureux particulier et une stratégie différente.

Des personnages amoureux

Dans la mesure où trois groupes se dégagent de la comédie, il est possible d'étudier les caractéristiques de ces messages, en s'attachant tout d'abord au groupe de la mondanité (Oronte, les marquis et Arsinoé), puis au groupe de l'honnêteté* (Éliante, Philinte), et enfin à Célimène et Alceste.

■ La stratégie de la mondanité

Résumons la situation : Oronte, Acaste et Clitandre veulent séduire Célimène, tandis qu'Arsinoé semble s'intéresser à Alceste. Il en résulte des tensions entre les différents personnages de ce groupe soumis presque uniquement à une logique de séduction très visible.

Politesse et séduction : les codes amoureux

▶ La *prude Arsinoé* doit tenter de séduire par tous les moyens. Sa situation produit des effets comiques, d'autant plus que Célimène n'oublie pas de lui faire remarquer qu'elle ne connaît aucun succès : *Et puis-je mais des soins qu'on ne va pas vous rendre ?* (v. 994).

• Sa tactique à l'égard d'Alceste se décompose en deux temps : les louanges habituelles qui n'ont aucun effet sur Alceste et le recours à la jalousie. Décriant Célimène, elle parvient à entraîner Alceste chez elle, pour lui montrer *une preuve fidèle De l'infidélité du cœur de votre belle* (v. 1129-1130). Arsinoé a compris la faiblesse du misanthrope ; mais le manque de finesse de sa tactique — *On saura vous offrir de quoi vous consoler* (v. 1132) — laisse présumer un échec total.

• Cependant, par rapport à la structure de l'œuvre, sa stratégie profite du silence qu'impose l'entracte. L'unité* de lieu impose que le moment où Alceste vient chez Arsinoé demeure non-représenté : il s'agit de l'entracte entre les actes II et III. Il y a donc, pour le spectateur, une sorte de non-dit qui nourrit le discours amoureux en tirant parti de toutes les ressources qu'impose la dramaturgie classique. On peut même parler de stratégie de la rupture dans le discours amoureux.

Les non-dits de l'amour

▶ Dans un autre registre, Oronte incarne la séduction de la préciosité. Son sonnet participe d'une habitude qui fait fureur dans les salons mondains. Il s'agit de séduire par un ou plusieurs poèmes qui manifestent une grande maîtrise des figures de rhétorique pour conclure à la supériorité de la personne aimée. Si Arsinoé profite de la rupture pour développer une stratégie qui reste non-dite, Oronte choisit une stratégie de l'irruption. C'est sans aucune annonce qu'il entre en scène pour déclamer son sonnet à Alceste et Philinte. Célimène a beau être absente de la scène, le spectateur comprend le code mondain qui soutient l'amour d'Oronte et rit à une scène qui actualise un comique de situation.

Le modèle précieux

▶ Plus que celui d'Arsinoé ou d'Oronte, le discours amoureux des marquis permet de reconnaître l'existence d'un code amoureux. Avec l'étalage des lieux communs qu'ils se disent au commencement de l'acte III, le spectateur comprend que ces marquis sont une caricature et que leur discours amoureux se résume à un copiage servile des habitudes mondaines. Ils séduisent pour pouvoir s'en vanter, un peu à l'image de Clitandre qui, arrivant chez Célimène, n'a qu'une parole à dire pour bien souligner son importance : *Parbleu ! je viens du Louvre* (v. 567). Ainsi, la stratégie de la mondanité consiste essentiellement à développer un discours attendu et correspondant aux limites d'un comportement social connu et accepté de tous (sauf d'Alceste). A la différence de Philinte et Éliante, qui appartiennent également au même monde, Arsinoé, Oronte et les marquis demeurent, dans leurs discours amoureux respectifs,

Le modèle caricatural

51

caricaturaux ou porteurs d'un comique qui vient rompre le ton parfois tragique que l'œuvre prend dans le cours de l'intrigue.

■ Le discours de l'honnêteté*

On le sait, Molière ne se place jamais en censeur de ses personnages. Ils incarnent tous un idéal ou un travers que le spectateur doit découvrir lui-même. De cette manière, le couple d'Éliante et de Philinte incarne le discours amoureux de l'honnêteté, sans que le dramaturge précise s'il faut l'appliquer ou non.

Un amour raisonné et raisonnable

▶ La sincère Éliante, au sein de ce jeu de l'amour, occupe une place à part. Elle n'entre dans aucune stratégie précise et doit d'être aimée de Philinte à la droiture de son caractère. Toutefois, même si elle ne l'utilise jamais, elle connaît avec précision les règles du discours amoureux qui doit être superlatif et louangeur. Sa tirade du deuxième acte (*L'amour, pour l'ordinaire, est peu fait à ses lois* (v. 711-730) insiste de façon burlesque sur la nécessité du compliment en amour. Mais, dans toute la pièce, Éliante n'utilise jamais ce langage, préférant la tranquillité de son honnêteté préservée à la passion déstabilisante et inconstante de Célimène. Il y a donc chez elle un langage de la retenue et de la litote*, comme le prouve son détachement apparent au moment où Alceste lui demande sa main :

L'art de la retenue

> Je compatis sans doute à ce que vous souffrez
> Et ne méprise point le cœur que vous m'offrez
> (v. 1259-1260)

Aucune stratégie ne semble venir étayer son message.

▶ En revanche, Philinte vit son discours amoureux d'une manière plus subtile. En déclarant son amour à Éliante qui, elle, vient de lui avouer son attachement pour Alceste, il manifeste un trait de finesse d'esprit. Au lieu de s'imposer, il dit que si Alceste et Célimène se mariaient, ses vœux *tenteraient la faveur éclatante/Qu'avec tant de bonté* [son] *âme lui présente* (v. 1209-1210). Ce discours est dominé par une tendance de style : l'atténuation. Jamais les mots amour ou mariage ne sont prononcés. Philinte préfère la périphrase* de la *faveur éclatante* qui lui permet de lier l'amour à la *bonté* d'Éliante, comme si cette bonté était synonyme du mot amour lui-même. De plus, l'utilisation du conditionnel apporte une

L'art du détour

nouvelle retenue qui se prolonge au vers 1215 par l'expression du sentiment d'attente : *J'attends l'occasion de m'offrir hautement.*

Certes, Philinte n'a pas avoué directement sa flamme en public comme l'indique l'adverbe *hautement,* mais il s'est déclaré parfaitement, sans précipitation, et avec la mesure de l'honnête homme*. Éliante a d'ailleurs parfaitement compris et pourra user de la litote* une nouvelle fois au dernier acte, en s'écriant : *la main de se donner n'est pas embarrassée* (v. 1797)

▶ Éliante et Philinte parlent le discours amoureux de l'honnêteté* ; mais ils ont aussi un discours sur l'amour qui achève de délimiter leur perception de ce sentiment. La majeure partie de la première scène du quatrième acte tourne autour de la relation amoureuse qui unit Alceste à Célimène. Éliante et Philinte y enchaînent un dialogue où les répliques se suivent par un jeu de questions et de réponses :

Éliante et Philinte : deux discours en harmonie

PHILINTE
    Mais croyez-vous qu'on l'aime, aux choses qu'on peut voir ?
ÉLIANTE
    C'est un point qu'il n'est pas fort aisé de savoir
    (v. 1179-1180).

Le dialogue progresse ici grâce à la question de Philinte qui établit une harmonie de pensée entre les deux personnages.

Caractères amoureux, Éliante et Philinte essaient également de discourir sur l'amour, dans le seul but dramatique de nous faire percevoir l'unité de pensée qui existe entre eux.

■ Alceste et Célimène

Le couple central de la comédie est également le couple le plus problématique, dans la mesure où chacune de ses composantes s'oppose à l'autre.

Alceste et Célimène : deux visions antithétiques de l'amour

Alceste associe l'amour à une exclusivité presque tyrannique, tandis que Célimène trouve sa liberté dans une inconstance qui risque d'être assimilée à de la coquetterie.

▶ La stratégie d'Alceste, cependant, est parfaitement claire. Sa séduction amoureuse prend volontairement les discours habituels à rebours. Il refuse les flatteries du discours mondain et fuit la vision raisonnée de l'amour que conseille l'honnêteté*. Mais il est victime de sa jalousie qui le pousse dans un excès parfois comique.

Lucidité et aveuglement d'Alceste

Son amour pour Célimène est à la fois lucide et

aveugle ; il réunit toutes ses contradictions. Sa lucidité apparaît dès la première scène de l'œuvre où, comme nous l'avons vu, il souligne les défauts de Célimène (v. 225-226). Il applique, en fait, l'exigence de sincérité dont il a fait son principe. Mais, s'il parvient à être lucide devant Philinte, il est victime de l'aveuglement de sa jalousie lorsqu'il adresse directement ses reproches à Célimène. Il peut alors perdre le sens de la mesure. Ainsi, au moment où Célimène lui parle du *bonheur* de se savoir aimé, il réplique :

> *Mais qui m'assurera que, dans le même instant,*
> *Vous n'en disiez peut-être aux autres tout autant ?*

L'humeur de Célimène tend, il est vrai, à une coquetterie qui motive une telle interrogation, mais la question d'Alceste ne peut s'accorder avec aucun discours amoureux, fût-il réglé sur la sincérité. Le discours amoureux d'Alceste prend donc, par le jeu de ses propres contradictions, la forme d'une tension, d'un combat entre l'idéal de la politesse et celui de la sincérité.

Sincérité et contradiction

▶ En ce qui concerne Célimène, l'attention doit être mise sur le fait que sa situation est également marquée par une contradiction, qui a pour cause le choix de son type de vie. Célimène refuse de lier expérience de l'amour et exclusivité. Son comportement est en conséquence tourné vers l'extérieur, tandis que la société lui demande un choix précis qu'elle hésite à faire, alors qu'Alceste et Oronte le lui demandent :

> *Mais je souffre, à vrai dire, une gêne trop forte*
> *À prononcer en face un aveu de la sorte* (v. 1629-1630).

Et pourtant, Célimène ne possède pas, elle non plus, de véritable stratégie amoureuse ; elle n'a aucun besoin de « forcer son talent » pour plaire aux hommes qui l'entourent. Avec malignité, elle explique à Arsinoé :

Le dilemme de Célimène

> *Si ma personne aux gens inspire de l'amour,*
> *[...]*
> *Je n'y saurais que faire et ce n'est pas ma faute*
> (v. 995-998).

En fait, Célimène se contente, par souci de plaire à son entourage, de répondre à l'attente de ceux qui viennent la voir. Elle dresse des portraits médisants des courtisans qui sont absents avec un luxe de détails féroces.

Cependant, la fin de la scène 4 de l'acte II lui permet, alors qu'il est présent, de faire un portrait détourné d'Alceste. C'est une exception qu'il faut comprendre comme la marque de la tension qui unit ces deux personnages.

▶ Cette tension entraîne dans leur opposition deux formes de dialogues tout à fait différentes.

Les dialogues de l'affrontement

• Lorsque Célimène ou Alceste veulent définir avec précision leurs valeurs, ils ont recours à la tirade*. Cette forme marque une pause dans l'élocution parce qu'elle est l'occasion pour les acteurs de lutter afin de maîtriser la parole de l'autre. (Un mot annule parfois une tirade, tel le fameux *Sortez !* de Roxane qui clôt une tirade de Bajazet et envoie ce dernier à la mort (Racine, *Bajazet*, V, 4). Lors de la violente opposition que constitue la troisième scène du quatrième acte, Célimène peut renverser la situation parce qu'elle laisse Alceste s'enfermer dans une longue tirade (v. 1285-1314) avant de l'attaquer à son tour (v. 1391-1414).

• À l'opposé, et pour créer cette fois une impression de rapidité dans l'affrontement, les deux amants peuvent utiliser la stichomythie*. Cet échange de courtes répliques d'une même longueur — d'un demi-vers à deux vers — suppose une accélération du rythme de l'élocution et renforce les moments de tension entre les personnages. Dans la scène 3 de l'acte IV, les vers 1327 à 1335 usent de cette ressource et conduisent à un certain paroxysme de l'affrontement entre Alceste et Célimène.

• Ces faits modulent la vitesse de l'intrigue et donnent au discours amoureux des deux personnages principaux une violence mais aussi une vitalité indispensable à l'écriture d'une comédie.

La maîtrise de la parole amoureuse affirme donc la force des personnages qui imposent leurs propres valeurs.

APPLICATION PRATIQUE

UNE TIRADE SUR LE DISCOURS AMOUREUX

ÉLIANTE

> L'amour, pour l'ordinaire, est peu fait à ces lois[1],
> Et l'on voit les amants vanter toujours leur choix ;
> Jamais leur passion n'y voit rien de blâmable,
> Et dans l'objet aimé tout leur devient aimable :
> 715 Ils comptent les défauts pour des perfections,
> Et savent y donner de favorables noms.
> La pâle est aux jasmins en blancheur comparable ;
> La noire à faire peur, une brune adorable ;
> La maigre a de la taille et de la liberté ;
> 720 La grasse est dans son port pleine de majesté ;
> La malpropre sur soi[2], de peu d'attraits chargée,
> Est mise sous le nom de beauté négligée ;
> La géante paraît une déesse aux yeux ;
> La naine, un abrégé des merveilles des cieux ;
> 725 L'orgueilleuse a le cœur digne d'une couronne ;
> La fourbe a de l'esprit ; la sotte est toute bonne ;
> La trop grande parleuse est d'agréable humeur ;
> Et la muette garde une honnête pudeur.
> C'est ainsi qu'un amant dont l'ardeur est extrême
> Aime jusqu'aux défauts des personnes qu'il aime.

(ACTE II, scène 4)

Nous avons maintes fois cité cette tirade*, lors des différents problèmes que nous avons abordés. D'une longueur de vingt alexandrins, elle contribue à détendre l'atmosphère tendue de l'acte II, tout en apportant quelques précieux renseignements sur la personnalité d'Éliante. Elle permet en outre à Molière de donner une page d'un comique particulier dont il faudra étudier les modalités.

---

1. Les lois de l'amour selon Alceste consistent *À bien injurier les personnes qu'on aime.*
2. *Malpropre* : qui n'a pas d'élégance.

Nous allons entreprendre une explication linéaire, en nous attardant plus particulièrement sur la métrique, c'est-à-dire sur le vocabulaire de la versification. Quelques éléments de méthodologie sont identiques à l'explication méthodique de la page 66.

■ Méthodologie de l'explication linéaire

L'explication linéaire doit, comme l'explication méthodique, commencer par une présentation du texte, puis sa lecture et l'énonciation de l'idée principale et des centres d'intérêt qui permettent d'envisager la problématique de l'explication. À la différence de l'explication méthodique, l'explication linéaire suit rigoureusement l'ordre du texte. Avant de la commencer, n'oubliez pas de dégager le mouvement de l'extrait que vous expliquez, mais ne perdez pas de vue qu'il s'agit d'un texte souvent court et qu'un plan risque facilement d'être trop artificiel. Le mouvement du texte peut, cependant, vous aider pour mieux saisir la portée du passage que vous expliquez.

▶ Situation
Ce texte est tiré de la scène 4 de l'acte II de la comédie de Molière, *Le Misanthrope*, écrite en 1666. Dans les moments qui précèdent, nous avons vu comment Alceste, resté muet tout d'abord, a interrompu les portraits médisants que faisait Célimène. Il vient de livrer sa conception intransigeante de l'amour. Éliante lui répond, par cette tirade.

1. Une première phrase qui situe techniquement l'extrait.
2. L'analyse rapide de ce qui a précédé.
3. Une présentation succincte du passage.

▶ Lecture du texte
Pour ce texte, il faut, sans exagérer, souligner le comique de l'ensemble. Attention à la diérèse* du vers 713 : *passion* compte trois syllabes. La lecture doit aussi prendre garde à la prononciation des *e* muets en fin de mot. Retenez la règle suivante. Lorsqu'un mot se termine par un *e*, s'il est est suivi d'une consonne, vous devez prononcer ce *e* ; s'il est suivi d'une voyelle, vous ne prononcez pas le *e*. Dans ce second cas, on dit qu'il y a apocope du *e*.

vers 715 :	ils/	comp/	tent/	les/	dé/	fauts...
	1	2	3	4	5	6
vers 718 :	La/	noire/	à/	fai/	re/	peur
	1	2	3	4	5	6

Le *e* final de *comptent* se prononce.
Le *e* final de *noire* est apocopé, vous ne le prononcez pas. Le *e* final de *faire* se prononce.

▶ Idée principale
La tirade développe un thème unique : le langage de l'amour embellit la réalité.

▶ Intérêt du texte

Deux centres d'intérêt peuvent se dégager.

• Premier intérêt : il s'agit de la personnalité d'Éliante à travers cette tirade.

• Second intérêt : il réside dans la valeur comique de cette tirade ironique.

Ne pas confondre idée principale et intérêt du texte.

▶ Mouvement du texte

Le mouvement du texte suit ici le découpage des phrases. Comme il y en a trois, nous pouvons dire que la première (vers 711-716) introduit la tirade. La deuxième permet à Éliante de faire preuve de son esprit comique (vers 717-728). La dernière conclut la tirade (vers 729-730).

■ Explication linéaire

▶ La prise de parole (v. 711-716)

• vers 711

Le premier mot employé définit le sujet de la réplique.

L'amour

L'emploi du démonstratif permet de faire le lien entre les dernières répliques et l'intervention d'Éliante.

ces lois

Le vocabulaire construit une opposition nette entre l'univers d'Alceste et la morale de l'amour.

l'ordinaire s'oppose aux lois

• vers 712-714

Les vers s'organisent autour d'une opposition entre un lexique péjoratif et un lexique mélioratif. Une figure dérivative sur les mots *aimé* et *aimable* vient orner le propos d'Éliante et prépare le comique de sa réplique

amants • vanter • choix • passion • blâmable

l'objet aimé [...] devient aimable

• vers 715-716

Ces deux vers répondent point pour point à l'opinion d'Alceste.

Ils établissent le processus d'embellissement du langage de l'amour sur lequel Éliante va faire jouer son esprit.

les défauts [deviennent des] *perfections • donner de favorables noms*

▶ Un comique burlesque* (v. 717-728)

À cet instant de la tirade, Éliante se lance dans une longue accumulation dont il faut mesurer l'effet.

• La syntaxe suit un mouvement faussement régulier. Les vers 717 à 720, 723 à 725 et 727-728 marquent chacun la métamorphose d'une amante. Deux vers sont consacrés à la *malpropre* (721-722) tandis que le vers 726 améliore les « défauts » de deux femmes. Ce procédé a pour effet d'éviter la monotonie dans l'énumération ; il protège le comique, en modifiant le rythme.

• Tout le comique de la tirade repose sur le jeu de périphrases* mélioratives.

• La portée de ce comique vise la raillerie d'Alceste. Plus généralement, elle crée une sorte de discordance par rapport au code du langage amoureux qui, schématisé, devient ici burlesque*.

Relevez le rythme du texte : en refusant une parfaite symétrie, Molière montre son talent de dramaturge.

La noire à faire peur, une brune adorable

▶ Une conclusion en point d'orgue (v. 729-730)
La phrase d'Éliante se fait volontairement conclusive. Elle n'hésite pas à employer le tour présentatif *c'est*, pour accentuer son point de vue.

La répétition dans le même vers (730) du verbe *aimer* achève de rendre le ton grinçant et amusé de cette tirade.

C'est ainsi qu'un

Aime [...] les personnes qu'il aime

■ **Conclusion de l'explication**

Si l'intervention d'Éliante a voulu détendre l'atmosphère tendue de la scène, elle a aussi réussi par son ton burlesque à démontrer l'erreur d'Alceste qui est ici son intransigeance. Mais le fait que, seule, la coquette ne soit pas évoquée dans cette tirade, conduit à nous interroger sur la personnalité d'Éliante. Pouvoir si facilement schématiser le code amoureux dénote qu'Éliante connaît elle-même ce code. Ne pas évoquer une coquette préfigure peut-être l'aveu d'Éliante à Philinte à l'acte IV ; elle admire Alceste, bien qu'elle soit consciente de son ridicule.

N'oubliez JAMAIS de soigner la conclusion. Il faut faire le bilan du texte et trouver une ouverture d'ordre plus générale. Ici, annonce de l'acte IV.

EXERCICE

UNE ÉTRANGE DÉCLARATION

Ayant découvert un billet de Célimène, Alceste, furieux l'a accusée de traîtrise au début de la scène. Mais la jeune veuve est parvenue à redresser la situation à son avantage (tirade : v. 1390-1414).

ALCESTE

Ah ! traîtresse, mon faible est étrange pour vous !
Vous me trompez sans doute avec des mots si doux ;
Mais il n'importe, il faut suivre ma destinée ;
A votre foi mon âme est toute abandonnée ;
Je veux voir jusqu'au bout quel sera votre cœur,
1420 Et si de me trahir il aura la noirceur.

CÉLIMÈNE

Non, vous ne m'aimez point comme il faut que l'on aime.

ALCESTE

Ah ! rien n'est comparable à mon amour extrême,
Et, dans l'ardeur qu'il a de se montrer à tous,
Il va jusqu'à former des souhaits contre vous.
1425 Oui, je voudrais qu'aucun ne vous trouvât aimable,
Que vous fussiez réduite en un sort misérable,
Que le Ciel, en naissant, ne vous eût donné rien ;
Que vous n'eussiez ni rang, ni naissance, ni bien,
Afin que de mon cœur l'éclatant sacrifice
1430 Vous pût d'un pareil sort réparer l'injustice ;
Et que j'eusse la joie et la gloire, en ce jour,
De vous voir tenir tout des mains de mon amour.

CÉLIMÈNE

C'est me vouloir du bien d'une étrange manière !
Me préserve le Ciel que vous ayez matière !...
1435 Voici Monsieur Du Bois, plaisamment figuré.

(ACTE IV, scène 4)

■ L'art du dialogue

Relevez les marques de l'émotion qui caractérisent les interventions d'Alceste. Quelles conclusions pouvez-vous en tirer au regard du ton de ce dialogue ?

Comme Alceste, Célimène utilise la modalité exclamative. Comment pourriez-vous qualifier cet emploi ? Qu'apporte-t-il à son personnage ?

....

En vous reportant au texte et à la réplique qui le précède, notez avec précision les procédés grammaticaux permettant l'enchaînement des répliques.
Pareillement, montrez comment Molière annonce la scène suivante.

....

■ L'amour d'Alceste

Sous la forme d'un tableau, relevez le champ lexical de l'amour que le misanthrope emploie.

....

Dites en quoi Alceste est pris au piège de sa sincérité et de ses contradictions.

....

À RETENIR

■ Le thème de l'amour concerne tous les personnages de la comédie et suppose une logique de la séduction qui participe de l'art de plaire.

■ Alceste se distingue des autres personnages : son intransigeance refuse de céder aux discours flatteurs mais elle le plonge également dans une grande contradiction.

■ Son discours amoureux révèle la conception de la comédie que défend Molière, par un mouvement d'oscillation entre le comique et le tragique.

Le comique et
le contrepoint tragique

Le Misanthrope fait partie avec *Tartuffe* et *Dom Juan* des trois pièces de combat qu'écrivit Molière. Ce dernier, qui a un goût certain pour le mélange des genres, n'hésite pas à donner à ces trois œuvres un arrière-plan sérieux. Le rire n'est plus que l'un des ressorts de son théâtre tandis que des effets tragiques viennent élaborer une sorte de contrepoint.

Le rire et la gravité

Nous devons donc essayer de délimiter, à l'intérieur du *Misanthrope*, la portée tragique de ces effets. Alceste révèle, comme Don Juan et Tartuffe, les interrogations essentielles de la vie sociale. Il faut donc se demander si, en exposant sur la scène le problème social de l'art de plaire, Molière n'a pas subordonné la dimension comique à une orientation uniquement sérieuse et tragique.

■ Le tragique

Certains critiques jugent que *Le Misanthrope* est, sous quelques aspects, une tragédie* déguisée.

Des ressemblances avec la forme d'une tragédie

▶ Les personnages qui composent l'intrigue appartiennent tous à la noblesse comme dans une tragédie*. Il n'y a aucune différence morale ou sociale profonde entre les représentants de cette société. En conséquence, la bouffonnerie, qui naît de la disparité sociale, est totalement absente du *Misanthrope*. (Songeons, par exemple, à *George Dandin* ou au *Bourgeois gentilhomme*.)

▶ La structure de l'œuvre peut rappeler en elle-même la progression d'une tragédie*. Du premier acte qui expose les faits au cinquième qui voit le départ d'Alceste, tout semble converger inexorablement vers un isolement total du personnage central, comme si une force extérieure pesait sur lui. On a vu qu'il pouvait s'agir de causes médicales ou psychiques :

Alceste est un atrabilaire et par certains côtés sa mélancolie le rapproche de la folie. Quoi qu'il en soit, la force qui le pousse à quitter le monde ressemble fort au destin qui pèse sur les personnages héroïques des tragédies.

▶ Le dénouement du *Misanthrope*, s'il ne conduit pas à la mort d'un personnage (mais une tragédie* ne s'achève pas obligatoirement ainsi, *cf. Bérénice* de Racine), laisse une scène vide. Célimène maudite quitte la scène et Alceste annonce pathétiquement sa retraite hors du monde. En quelque sorte, malgré la décision finale de Philinte, Alceste meurt au monde, en s'éloignant des faux-semblants de la mondanité pour *chercher sur la terre un endroit écarté* (v. 1805). Le pathétique de cette décision provoque l'émotion des spectateurs par le biais du contrepoint tragique.

Un dénouement tragique

▪ Le comique du *Misanthrope*

Cependant, nous ne devons pas délaisser la portée comique de l'œuvre.

Les traits spécifiques d'une comédie

▶ Certes, les personnages sont d'origine noble ; mais ils appartiennent à la noblesse de salon et ont troqué l'héroïsme — indispensable à la tragédie — contre une mondanité plus ou moins acceptée.

Une aristocratie de salon

▶ Le dénouement du *Misanthrope* et le personnage d'Alceste ne manquent pas d'éveiller un sentiment de pitié chez le spectateur. Toutefois, Alceste ne provoque jamais la terreur. Or, ces deux notions définissent depuis Aristote le mouvement tragique. L'intransigeance du misanthrope nous touche, mais sa contradiction prête par moment à sourire.

▶ L'unité de ton qui définit également la tragédie disparaît totalement du *Misanthrope* et de nombreux passages brisent l'effet pathétique de l'œuvre. Parmi eux :
• la scène du sonnet d'Oronte (acte I, scène 2) participe du comique de situation ;
• les portraits de Célimène (acte II, scène 4) ont un effet satirique ;
• la tirade* d'Éliante sur l'amour est burlesque* (acte II, scène 4) ;
• le dialogue ridicule des marquis (acte III, scène 1) touche à la caricature ;

L'art de mélanger les tons

• la dispute entre Arsinoé et Célimène (acte III, scène 4) reprend le comique de situation ;
• l'intervention de Du Bois relève de la farce* (acte IV, scène 4).

Trop d'éléments viennent interdire une lecture entièrement tragique de l'œuvre. En fait, tout comme *Tartuffe* et *Dom Juan*, *Le Misanthrope* définit le ton et la particularité de l'art du dramaturge.

■ La comédie ou le mélange des tons

Le comique ne signifie pas uniquement pour Molière le rire. Plus essentiel, il ne sert jamais à créer un effet inutile ou un motif gratuit. Il participe de la morale propre à la comédie qui consiste à plaire d'une part et à corriger les vices du temps d'autre part.

▶ La pièce fait plutôt « sourire que rire ». L'importance de la satire sociale que Molière met en jeu explique cette réaction. Le comique devient une arme de combat dévouée à la volonté de l'auteur. La scène des portraits au deuxième acte est un exemple de ce comique où le spectateur ne rit que rarement, tandis que l'attaque de la société redouble de violence.

Le rire de la critique

▶ Le comique de Molière soutient fondamentalement une dramaturgie qui mêle les tons pour détendre le spectateur et nuancer une vision pessimiste des hommes et du monde. Il est d'autant plus complexe que ces personnages sont pour la plupart porteurs d'un idéal que Molière ne juge pas.

▶ Il existe bien un contrepoint tragique dans *Le Misanthrope*. Celui-ci pourtant n'atteint pas la même puissance que dans une pièce comme *Dom Juan*. La perpétuelle contradiction d'Alceste et le décalage entre ses colères et le motif de celles-ci achèvent de faire du *Misanthrope* la comédie la plus achevée de Molière et la plus complexe à interpréter.

Comique et contrepoint tragique au service d'une pièce de combat

APPLICATION PRATIQUE

LE DÉPART D'ALCESTE

CÉLIMÈNE

La solitude effraye une âme de vingt ans ;
1775 Je ne sens point la mienne assez grande, assez forte,
Pour me résoudre à prendre un dessein de la sorte.
Si le don de ma main peut contenter vos vœux,
Je pourrais me résoudre à serrer de tels nœuds,
Et l'hymen...

ALCESTE

Non, mon cœur à présent vous déteste,
1780 Et ce refus lui seul fait plus que tout le reste.
Puisque vous n'êtes point, en des liens si doux,
Pour trouver tout en moi, comme moi tout en vous,
Allez, je vous refuse, et ce sensible outrage
De vos indignes fers pour jamais me dégage.
(Célimène se retire et Alceste parle à Éliante.)
1785 Madame, cent vertus ornent votre beauté,
Et je n'ai vu qu'en vous de la sincérité ;
De vous, depuis longtemps, je fais un cas extrême ;
Mais laissez-moi toujours vous estimer de même,
Et souffrez que mon cœur, dans ses troubles divers,
1790 Ne se présente point à l'honneur de vos fers ;
Je m'en sens trop indigne et commence à connaître
Que le ciel pour ce nœud ne m'avait point fait naître ;
Que ce serait pour vous un hommage trop bas
Que le rebut d'un cœur qui ne vous valait pas ;
1795 Et qu'enfin...

ÉLIANTE

Vous pouvez suivre cette pensée ;
Ma main de se donner n'est pas embarrassée,
Et voilà votre ami, sans trop m'inquiéter,
Qui, si je l'en priais, la pourrait accepter.

PHILINTE

Ah ! cet honneur, Madame, est toute mon envie,
1800 Et j'y sacrifierais et mon sang et ma vie.

ALCESTE

Puissiez-vous, pour goûter de vrais contentements,
L'un pour l'autre à jamais garder ces sentiments.
Trahi de toutes parts, accablé d'injustices,

Je vais sortir d'un gouffre où triomphent les vices,
1805 Et chercher sur la terre un endroit écarté
Où d'être homme d'honneur on ait la liberté.

PHILINTE

Allons, madame, allons employer toute chose
Pour rompre le dessein que son cœur se propose.

(ACTE V, scène 4)

Nous entreprenons ici une lecture méthodique de cet extrait, qui marque le départ d'Alceste. Pour bien mesurer la valeur d'un texte, il est nécessaire d'appliquer les points suivants.
1. Lire le texte ;
2. le situer ;
3. dégager l'idée principale ;
4. repérer des centres d'intérêt ;
5. préciser le mouvement du texte ;
6. faire l'explication méthodique ;
7. conclure.

■ Lecture du texte

Moment important : toute lecture doit être soignée pour dépasser les difficultés de compréhension, de rythme, de versification et de ton. La lecture révèle le sens. Pour *Le Misanthrope*, il faut faire attention à bien prononcer les douze syllabes des alexandrins. Le verbe *inquiéter* (v. 1797) compte pour quatre syllabes : in/qui/é/ter. Il y a une diérèse*, c'est-à-dire la prononciation en deux syllabes d'une section qu'on prononce d'habitude en une dans le langage parlé.

■ Situation

Cet extrait est tiré de la dernière scène de la comédie. C'est la fin de l'œuvre. Au début de cette scène, les marquis sont venus dénoncer le manège de Célimène : elle écrivait des lettres à ses prétendants, en les dénigrant tous. Nous arrivons au passage où Alceste lui a proposé son pardon si elle accepte de fuir le monde avec lui.

Situer un texte se fait brièvement. Deux informations apparaissent :
1. l'endroit d'où le texte est tiré ;
2. l'analyse de ce qui précède.

■ Idée principale

Le départ d'Alceste.

L'idée principale correspond à l'information essentielle du texte.

■ Intérêt du texte

Ce texte possède plusieurs intérêts :
▶ premièrement : la fin de cette comédie donne l'image de deux couples opposés, l'un uni (Éliante et Philinte), l'autre déchiré (Célimène et Alceste) ;
▶ deuxièmement : intérêt stylistique, l'art du dialogue dans les comédies de Molière ;
▶ troisièmement : ce passage fait sentir le contrepoint tragique.

Les intérêts peuvent concerner aussi bien la valeur stylistique d'un texte que sa portée informative.

■ Mouvement de l'extrait

On peut repérer trois mouvements :
— la fin de la relation Alceste-Célimène (v. 1775-1784) ;
— le couple Éliante-Philinte (v. 1789-1800) ;
— le départ d'Alceste (v. 1801-1808).

Le mouvement du texte permet de repérer la progression dramatique

■ Explication méthodique

La découverte des lettres de Célimène a entraîné le départ de tous ses soupirants, sauf d'Alceste. Celui-ci vient d'offrir son pardon à Célimène, si elle consent à quitter le monde avec lui. Sur scène, ne restent plus que les deux couples : Éliante-Philinte et Célimène-Alceste.
Les solutions que choisiront ces couples sont diamètralement différentes. La sortie de scène de Célimène et le départ d'Alceste donnent une valeur pathétique à cette fin.
Deux axes permettent d'analyser ce texte :
• l'art du dialogue ;
• l'aspect pathétique de cette « fin de partie ».
▶ Premier axe : cet ultime dialogue achève de composer le caractère des personnages.

Méthode
1. Introduction.

2. Annonce du plan.

1ʳᵉ partie : le dialogue définit la psychologie des personnages.

A. L'affrontement des discours
Alceste interrompt la réplique de Célimène : sincérité du refus de celle-ci, intransigeance du misanthrope.
Éliante interrompt Alceste : elle poursuit le raisonnement d'Alceste tout en s'y opposant.

Et l'hymen... • *Non mon cœur [...] vous déteste*

Et qu'enfin... • *Vous pouvez suivre cette pensée*

67

B. Le langage de la raison
Au couple Alceste-Célimène répond le couple Philinte-Éliante qui appartient à la sphère de la modération comme le prouvent la litote* d'Éliante et le champ lexical* de la passion chez Philinte qui reprend les lieux communs d'usage.

sans trop m'inquiéter • honneur • sacrifierais • sang

C. Les souhaits
Souhait d'Alceste à l'égard d'Éliante et Philinte. Valeur pessimiste du subjonctif.
Souhait d'Alceste pour lui-même.

Puissiez-vous

endroit écarté • homme d'honneur
rompre le dessein

Amitié de Philinte : retenir Alceste.

▶ Deuxième axe : une fin pathétique. Chaque personnage souffre du départ d'Alceste.

2e partie : le contrepoint tragique.

A. Philinte-Éliante
Silence d'Éliante. Le spectateur connaît son sentiment pour Alceste. Son silence est une marque de pudeur.
L'amitié véritable de Philinte. Molière lui confie la dernière réplique, comme pour donner plus d'importance à ce sentiment.

B. Le dilemme de Célimène
Célimène est prise entre le désir de profiter de la vie et son amour pour Alceste :
elle accepte le mariage avec Alceste sans lui faire de déclaration véritable.
Sa sortie silencieuse renforce son aspect énigmatique.

La solitude effraye une âme de vingt ans • l'hymen

C. La contradiction d'Alceste
Son amour pour Célimène le conduit à une décision absolue qui marque son amour-propre*. Devant l'impossibilité de concilier vie d'homme d'honneur et vie solitaire, il a recours au vocabulaire de l'extrémité.

De vos indignes fers

un endroit écarté
où d'être homme d'honneur
on ait la liberté

■ Conclusion

Le Misanthrope s'achève sur le contrepoint tragique. Les personnages sont poussés au bout de leurs passions. Refusant un dénouement heureux (un mariage), Molière installe un silence angoissé.

La conclusion porte sur le texte et propose une ouverture.

EXERCICE

Les questions suivantes continuent d'explorer la richesse de la dernière scène du *Misanthrope*. Relisez avec attention l'extrait proposé à la page 65 et répondez aux questions suivantes.

■ L'argumentation raisonnée de Célimène

En vous attachant aux temps des verbes et au vocabulaire de la réplique de Célimène, rendez compte de l'argumentation qu'elle choisit pour exprimer son refus.

■ Les accents tragiques du héros

Vous définirez, à partir des vers 1785-1795, le champ lexical* de l'amour qu'utilise Alceste. En quoi fait-il partie d'une vision du monde à la fois tragique et héroïque ?

Analysez le vers 1804. La métaphore* du gouffre est-elle surprenante ? Commentez le second hémistiche* de ce vers. Comment Molière parvient-il à rendre une réelle force au lieu commun du gouffre ?

■ La théâtralité de la scène

En vous reportant à l'ensemble de la scène finale, dites en quoi la fin de la comédie semble évoluer vers un dépouillement total ?

Quelles indications scéniques apportent la plupart des didascalies* à partir du vers 1730 ?

....
....
....
....

Montrez comment le rythme parvient à créer le contrepoint tragique, par un effet de ralentissement progressif.

....
....
....
....
....

Sur quelle image forte s'achève ce ralentissement ?

....
....
....

À RETENIR

■ Le départ d'Alceste marque le stade ultime du contrepoint tragique de l'œuvre :
▶ Alceste met fin à toutes relations avec le monde extérieur ;
▶ il s'enferme dans son intransigeance et dans sa contradiction.

■ Il manifeste également la dénonciation la plus forte de la comédie : en fuyant le monde, Alceste exprime clairement que toute vie sociale est impossible.

■ Philinte, en rappelant l'idéal de l'honnête homme*, laisse la possibilité d'un dénouement provisoire et rectifiable.

SYNTHÈSE

LE SENS DE LA PIÈCE

■ Une pièce de combat

Comme *Tartuffe* et *Dom Juan*, *Le Misanthrope* est une comédie où Molière s'attaque à l'organisation même de la société dans laquelle il vit. Le sens, cependant, est plus complexe à déterminer que pour les deux autres pièces car Molière a pris soin de présenter des personnages souvent prisonniers de leurs contradictions.

■ Le sens apparent : la critique de la vie sociale

▶ La remise en cause de la vie à la Cour

La dénonciation porte principalement sur l'une des habitudes de la mondanité : l'art de plaire. Ce comportement, codifié dès 1630 par le livre de Nicolas Faret, *L'Honnête homme ou l'Art de plaire à la cour*, peut conduire à une hypocrisie généralisée.

▶ La fonction moralisatrice du théâtre

Comme la plupart des comédies de Molière, *Le Misanthrope* a pour but de « corriger les vices des hommes », tout en leur apportant un spectacle qui soit susceptible de leur plaire.

■ Le sens complexe : l'expression des contradictions humaines

▶ Une interrogation sur la cohérence de la société

En prenant soin de ne pas indiquer le sens précis qu'il donne à son œuvre (est-ce Philinte qui représente l'avis de Molière ou Alceste ?), Molière parvient à déstabiliser l'organisation générale de la société qu'il côtoie.

▶ L'évidence de la faiblesse humaine

Alceste, par ses contradictions, et Célimène, par sa coquetterie et sa médisance, fournissent la matière nécessaire pour souligner la faiblesse de l'homme.

Le nombre important de mises en scène qui existent de nos jours souligne la fascination qu'exerce cette pièce complexe à interpréter.

Le commentaire composé

■ Définition

Un commentaire composé est un devoir écrit et intégralement rédigé qui consiste à présenter de manière ordonnée et construite des remarques qui vont éclairer le sens d'un texte et justifier l'emploi des procédés d'écriture, sans séparer, dans le devoir, la forme (le style) du fond (les idées). Il appuie toujours ses analyses sur l'étude des mots du texte.

■ Le commentaire composé à l'examen

Réputé difficile, cet exercice permet pourtant d'obtenir les meilleures notes à l'examen, les correcteurs mesurant les connaissances, les méthodes d'analyse spécifiquement littéraires du candidat.

Les textes proposés sont toujours brefs : un sonnet, une vingtaine de vers pour la poésie, une vingtaine de lignes pour un extrait de roman ou de théâtre. Les œuvres dont ces textes sont extraits sont variées.

Un libellé accompagne l'extrait, indiquant quelques directions d'analyse, mais elles ne sont pas contraignantes. Vous avez tout loisir d'organiser le commentaire à votre guise en fonction des centres d'intérêt qui vous paraissent fondamentaux.

■ Les étapes du commentaire composé

1. Lectures attentives du passage	15 min.
2. Analyse du titre (uniquement pour les poèmes)	5 min.
3. Étude détaillée de la structure du texte	10 min.
4. Commentaire linéaire	60 min.
5. Élaboration du plan	20 min.
6. Rédaction du développement	90 min.
7. Rédaction de l'introduction et de la conclusion	30 min.
8. Relecture	10 min.

SUJET TRAITÉ

LA CALOMNIE DE LA SOCIÉTÉ

Nous sommes au tout début de l'acte V. Nous savions depuis le commencement de la comédie qu'Alceste était en procès. Nous apprenons ici qu'il vient de perdre et le voyons décidé à fuir hors du monde.

ALCESTE
La résolution en est prise, vous dis-je.

PHILINTE
Mais, quel que soit ce coup, faut-il qu'il vous oblige ?...

ALCESTE
Non, vous avez beau faire et beau me raisonner,
Rien de ce que je dis ne peut me détourner[1] ;
1485 Trop de perversité règne au siècle où nous sommes.
Et je veux me tirer du commerce[2] des hommes.
Quoi ! contre ma partie[3] on voit tout à la fois
L'honneur, la probité, la pudeur et les lois ;
On publie en tous lieux l'équité de ma cause,
1490 Sur la foi de mon droit mon âme se repose ;
Cependant je me vois trompé par le succès[4] :
J'ai pour moi la justice et je perds mon procès !
Un traître, dont on sait la scandaleuse histoire,
Est sorti triomphant d'une fausseté noire !
1495 Toute la bonne foi cède à sa trahison !
Il trouve, en m'égorgeant, moyen d'avoir raison !
Le poids de sa grimace, où brille l'artifice,
Renverse le bon droit, et tourne la justice !
Il fait par un arrêt couronner son forfait ;
1500 Et, non content encor du tort que l'on me fait,
Il court parmi le monde un livre abominable,
Et de qui la lecture est même condamnable,
Un livre à mériter la dernière rigueur,
Dont le fourbe a le front de me faire l'auteur !

(ACTE V, scène 1)

Sous la forme d'un commentaire composé, vous étudierez ces premiers vers du dernier acte du *Misanthrope*. En ayant soin de ne pas séparer la forme du fond, vous pourrez, par exemple, montrer comment la progression de la colère d'Alceste conduit à une remise en cause de l'ordre social.

1. Rien ne peut me détourner de ce que je dis.
2. *Commerce* : communications, rapports sociaux.
3. *Partie* : adversaire dans un procès.
4. *Succès* : aboutissement (contextuellement, sens négatif).

73

■ Lectures attentives du texte

Vous devez lire plusieurs fois le texte (au moins trois fois) afin d'arriver à une compréhension globale de son ensemble.

À la fin de ces lectures attentives, vous devez pouvoir répondre aux questions suivantes. Quel est le thème principal ? Quels sont les principaux procédés d'écriture qui font ressortir le sens ? Quelle est l'intention de l'auteur ?

Toutes les informations qui vous sont apportées dans l'énoncé du sujet guident vos lectures. Vous savez ici qu'il s'agit des premiers vers d'un acte. Attachez-vous aux conséquences dans la construction du dialogue.

Dans la mesure où *Le Misanthrope* est une pièce célèbre, replacez cette scène à l'intérieur de l'évolution de toute la comédie.

■ Étude détaillée de la structure du texte

Cet extrait se décompose en quatre étapes.

▶ 1. La résolution de partir

Le texte	Les idées	Les procédés littéraires
v. 1481-1486	Alceste annonce sa retraite hors du monde.	Le dialogue est pris en cours : *vous dis-je* Dialogue passionné : Alceste coupe la parole à Philinte, v. 1482. Métaphore* associée à la perversité. v. 1485 : *règne* Alceste emploie le *je*, v. 1481-84-86.

▶ 2. La colère d'Alceste devant le triomphe de la fausseté

v. 1487-1492	Alceste en co-lère contre le fonctionnement de la justice	Exclamation : *Quoi !* Accumulation de substantifs au vers 1488. Effet de dénonciation. Emploi de l'indéfini *on* qui permet à Alceste d'inclure tous les hommes dans sa dénonciation.

▶ 3. Alceste contre son ennemi

v. 1493-1499	Alceste dénonce les manœuvres de son ennemi, lors du procès.	Champ lexical* du scandale : *traître • scandaleuse • fausseté noire • trahison • m'égorgeant • grimace • artifice • forfait* Notez la gradation* dans l'expression de la colère, la métaphore de l'égorgement au vers 1496.

▶ 4. La colère s'accentue encore, sous le poids de la calomnie

| v. 1500-1504 | Alceste, victime d'une persécution « littéraire ». | Vocabulaire très fort, sens étymologique d'*abominable* : qui provoque une horreur quasi religieuse. Tour impersonnel : *il court* renforce l'impression de la coalition du monde contre Alceste. |

■ Commentaire linéaire

Le commentaire composé se prépare au brouillon comme une explication de texte. L'analyse vers à vers permet de s'assurer du repérage que nous venons de faire, aussi bien pour les idées que pour les procédés littéraires. Suivez le plan du texte tel que nous l'avons dégagé dans le tableau ci-dessus.

Remarque : Attention ! ce plan ne peut pas être le plan du commentaire composé. Il nous aide seulement à comprendre le sens global de l'extrait. Il ne faut jamais suivre l'ordre du texte pour rédiger un commentaire composé.

L'analyse vers à vers que vous poursuivrez pendant à peu près une heure met en valeur les aspects du texte que vous exploiterez dans le cours de votre commentaire. Prenez soin de ne pas séparer, dans vos recherches, le sens et les procédés d'écriture.

■ Élaboration du plan

À la fin de votre explication linéaire, regroupez les remarques qui formeront les idées principales de votre plan.

Traditionnellement le plan d'un commentaire composé comprend trois parties, elles-mêmes divisées en trois sous-parties. Il est toutefois possible pour certains textes de proposer une analyse en deux parties.

Conseil : donnez des titres aux parties qui mettent en valeur les idées principales du texte. Que les titres des sous-parties se rattachent aux procédés d'écriture. De cette façon, vous ne séparerez pas « la forme du fond ».

I. L'EXPLOSION DE LA PAROLE

A. Soulignée par le fait qu'Alceste interrompt le dialogue, entamé avant le lever de rideau avec Philinte. Signes de la colère et marque du *je*.

B. Renforcée par la tirade qui permet l'énoncé du système de valeurs d'Alceste.

C. Valorisée par les marques de l'émotion dans les déclarations d'Alceste : l'exclamation et la figure de la gradation*.

II. L'HÉROÏSME D'ALCESTE

A. Souligné par l'accumulation des substantifs (qui marquent le *bon droit* d'Alceste) et par le champ lexical du scandale.

B. Renforcé par l'opposition entre Alceste et le reste du monde. *Cf.* les vers 1485-1486 et la métaphore* du combat au vers 1496.

C. Mis en valeur par les outils grammaticaux employés par Molière pour inclure toute l'humanité : *on*, le tour impersonnel du vers 1501.

III. LA DÉNONCIATION DE LA SOCIÉTÉ

A. Va-et-vient continuel du général au particulier : dénonciation de la société entière ; dénonciation relative au procès d'Alceste.

B. Mise en scène de la dénonciation de la justice. Emploi des verbes et jeu sur des oppositions. Insistance sur le mot *droit*.

C. Évocation du monde et de son artifice. Dénonciation d'une calomnie. Jugement moral qui ne peut aboutir qu'au départ logique d'Alceste hors du monde.

Remarques : même s'il n'impose aucune contrainte, l'énoncé du sujet signale une direction dans l'élaboration du plan qui vous aide à ne pas être hors du sujet. Ne faites jamais de commentaire linéaire !

■ Rédaction du développement

Nous vous proposons ici un commentaire composé en partie rédigé. Vous trouverez la rédaction de la première sous-partie de la première partie ainsi que la transition de la première à la deuxième partie.

Conseil : le développement du commentaire composé doit présenter des parties équilibrées en longueur. Chaque sous-partie comprendra environ une quinzaine de lignes lorsque vous ferez un commentaire en temps limité (le jour du baccalauréat).

Faites des phrases précises, structurées, en évitant d'employer des parenthèses, tirets et autres procédés qui noient la clarté de la pensée dans une multitude de détails.

I. L'EXPLOSION DE LA PAROLE

A. L'emportement d'Alceste

L'objectif de Molière, dès le début du dernier acte est clairement défini. Il veut montrer au spectateur la fermeté d'Alceste dans la décision qui le pousse à fuir le monde. Dès lors, la scène commence par l'interruption du dialogue entre

Un paragraphe comprend quatre éléments :
1. une introduction ;

Alceste et Philinte dont il ne reste plus que deux vers (v. 1481 et 1482). L'immense colère du misanthrope est bien soulignée par le fait qu'il coupe la parole à Philinte : *Non, vous avez beau faire...* Tout se passe comme si Alceste s'enfermait dans son monde avec une totale intransigeance. En effet, la première personne du singulier *(je, me)* apparaît cinq fois dans le début du texte pour ancrer sa décision avec plus de force. Ainsi, Alceste manifeste qu'il ne se fie plus qu'à son propre système de valeurs, en même temps qu'il justifie sa colère. Il peut se lancer dans une tirade qui affine sa position.

2. une analyse avec des remarques sur le style et des citations.

3. une conclusion.

4. une transition avec le paragraphe suivant.

B. Le système de valeurs d'Alceste
Rédigez ce paragraphe, en montrant l'importance technique de la tirade pour la parole d'Alceste.

C. La gradation* de l'émotion
Rédigez-le. Insistez sur les marques de l'émotion pour marquer l'impulsivité d'Alceste.

▶ Transition entre I et II
La force de Molière se repère donc aux différents procédés qui lui permettent de mettre en scène la parole. Personnage émotif, Alceste se lance, après avoir interrompu le dialogue, dans une longue tirade où l'émotion traduit son emportement. Et celui-ci grandit dans la mesure où la société entière semble avoir formé un complot contre lui.

La transition se décompose en :
1. un résumé de la 1re partie ;

2. une annonce de la 2e partie.

II. L'HÉROÏSME D'ALCESTE

Rédigez cette partie à partir de l'intitulé de la p. 76. Veillez à ce que l'ensemble de votre travail conduise progressivement à la troisième partie. Le complot qui se dégage contre Alceste est général ; il est mis en évidence par des procédés formels que vous n'oublierez pas de décrire. Rédigez la transition entre II et III.

On ne peut pas tout dire sur un texte : choisissez les moments importants.

III. LA DÉNONCIATION DE LA SOCIÉTÉ

A. Le va-et-vient du général au particulier
Rédigez ce paragraphe.
Montrez que la dénonciation d'Alceste gagne de la force, en oscillant sans cesse de remises en cause particulières (ici le procès) à des attaques visant l'ensemble de la société.

La 3e partie doit toujours être le moment le plus important dans la progression de votre commentaire.

Rédigez les deux paragraphes suivants, en insistant sur les procédés formels qui construisent le sens de la dénonciation. Reportez-vous aux intitulés du plan p. 76. Montrez que la suite logique de cette dénonciation généralisée ne peut être que le départ d'Alceste hors du monde.

■ Rédaction de l'introduction

Les premiers vers du dernier acte du *Misanthrope* s'organisent autour de la colère d'Alceste. Celui-ci, de manière intransigeante, décide de quitter le monde pour fuir la société qu'il dénonce.

Une introduction comprend quatre éléments :
1. la présentation du passage ;
2. l'énoncé du thème principal ;

Ainsi Molière commence cet ultime acte directement dans le vif du sujet, en permettant à son personnage principal de refuser le dialogue pour se lancer dans une longue tirade où toute la société est attaquée, à partir de l'exemple du procès qu'Alceste vient de perdre.

3. l'énoncé de l'intérêt principal du texte ;

Cette progression du discours, parfaitement réglée par le dramaturge, se signale par une mise en scène de la parole qui s'appuie sur l'impression d'un complot de la société contre Alceste. Ainsi la force subversive de son message acquiert-elle une plus grande portée.

4. l'annonce du plan suivi.
À aucun moment vous ne devez résumer le texte.

■ Rédaction de la conclusion

La progression de la colère d'Alceste est totalement maîtrisée par Molière. En faisant tourner court le dialogue entre Alceste et Philinte, il donne la possibilité au misanthrope de se lancer dans une tirade où toute la société est visée par le jeu d'un va-et-vient entre des dénonciations particulières et générales.

Une conclusion comprend trois éléments :
1. un résumé de la démonstration ;

La dénonciation de la société est d'autant plus forte dans *Le Misanthrope* qu'elle touche toute l'humanité. En effet, à partir d'une injustice criante, Alceste, outré d'avoir perdu son procès, s'engage à quitter le monde tout en révélant le scandale à son interlocuteur Philinte.

2. une analyse qui montre l'intérêt du passage ;

Mais derrière cette intransigeance se cache une autre intention de Molière. Il s'agit de préparer la dernière scène en renforçant le contrepoint

3. une ouverture sur la portée du texte ou l'intention de l'auteur.

tragique du *Misanthrope*. L'homme qui s'apprête à quitter le monde va devoir également maudire Célimène. La dénonciation de la société pourrait bien être une remise en cause d'Alceste par lui-même.

À propos de ■■■

Point de vue sur la mise en scène

Vraiment « fonctionnel » sera le décor qui opposera, évoquera le pôle opposé au *désert* où Alceste menace de se réfugier : « salon-carrefour », lieu clos voisin du palais de la tragédie où les individus sont constamment ramenés l'un vers l'autre, l'un sur l'autre, mais aussi lieu en quelque sorte « surpeuplé », où le manque d'espace (le manque de liberté physique même) oblige chacun aux efforts les plus dramatiques s'il veut être lui-même tout en évitant les heurts douloureux.

Jean Guicharnaud, *Molière, une aventure théâtrale.*

La dissertation

■ Définition

Une dissertation est un devoir écrit, intégralement rédigé qui consiste à présenter de manière ordonnée et structurée une argumentation à partir d'une réflexion littéraire portant sur l'un des trois genres : roman, poésie, théâtre. Le devoir doit rendre compte de l'intérêt du sujet, de ses implications, des éléments qu'il sous-entend.

Une dissertation n'est pas un développement théorique, elle doit nécessairement s'appuyer sur des exemples.

■ La dissertation à l'examen de français

Cet exercice est choisi par les candidats après le résumé. La dissertation est difficile car elle exige à la fois connaissance et organisation dans la pensée. En fait, la logique engendre les idées, et un minimum de préparation permet de construire des devoirs très honorables.

Les sujets proposés sont de deux types :
- énoncé d'une idée générale ;
- énoncé d'un paradoxe.

Dans les deux cas, le plus souvent, il s'agit d'une citation accompagnée d'un libellé. Le travail consiste à savoir commenter la citation et à répondre à une problématique posée.

Les sujets proposés le jour de l'examen n'invitent pas explicitement à se fonder sur l'œuvre précise de tel ou tel auteur. Il ne s'agit pas de restituer des connaissances artificielles. L'impression de « plaqué » est toujours pénalisée. Reste que le candidat qui prend l'initiative d'enrichir son raisonnement pour expliquer une citation d'auteur, par la connaissance de textes ou de citations précises, s'en voit largement gratifié.

■ Les étapes de la dissertation

1. Lectures du sujet	15 min.
2. Repérage et analyse des mots clés. Problématique	10 min.
3. Reformulation claire de cette problématique	5 min.
4. Recherche des idées, des exemples	60 min.
5. Élaboration du plan	20 min.
6. Rédaction du développement	90 min.
7. Rédaction de l'introduction et de la conclusion	20 min.
8. Relecture	10 min.

SUJET TRAITÉ

THÉÂTRE ET REPRÉSENTATION SOCIALE

En parlant de la comédie, Beaumarchais écrit : « J'ai pensé, je pense encore, qu'on n'obtient ni grand pathétique, ni profonde moralité, ni bon et vrai comique au théâtre, sans des situations fortes et qui naissent toujours d'une disconvenance sociale dans le sujet qu'on veut traiter. »
Ce jugement correspond-il à la perception que vous avez de la comédie ? Vous fonderez votre réponse sur des exemples précis, empruntés à vos lectures et aux spectacles auxquels vous avez pu assister.

Remarque : ce sujet concerne la comédie en général ; il ne faut donc pas limiter son traitement au seul *Misanthrope* qui fait l'objet de notre étude mais prévoir des exemples pris dans les différents siècles de la littérature française, voire internationale si vos connaissances en ce domaine sont précises.

■ Lectures du sujet

Ce moment est fondamental : il préside à l'organisation de tout votre devoir. Lisez le sujet plusieurs fois afin de bien cerner son sens global et de mettre en évidence sa signification logique. Soulignez les mots clés, encadrez les mots de liaison.
L'idée générale est ici la citation de Beaumarchais « [...] on n'obtient ni grand pathétique, ni profonde moralité, ni bon et vrai comique au théâtre, sans des situations fortes et qui naissent toujours d'une disconvenance sociale dans le sujet qu'on veut traiter ». La question vient ensuite : « Ce jugement correspond-il à la perception que vous avez de la comédie ? [...] » Il s'agit d'une dissertation traditionnelle qui n'offre aucune difficulté majeure.

■ Repérage et analyse des mots clés

▶ Pathétique, moralité, comique : ces trois mots délimitent le sujet. L'analyse du comique n'exclut pas la possibilité d'un contrepoint tragique et place également la création théâtrale dans une optique morale.

▶ Situations fortes, disconvenance sociale : à la base de l'intrigue d'une comédie, il y a toujours une situation sociale inacceptable, un hiatus qu'il est nécessaire de dénoncer.

■ Reformulation de la problématique

Ce sujet englobe tous les aspects de la définition de la comédie. Il souligne la nécessité du mélange des registres, rappelle la valeur instructive de la comédie, sans oublier le divertissement.

Ainsi, il nous faudra étudier la place et l'importance de ces trois éléments dans une comédie, dans la mesure où ils s'inscrivent dans un spectacle parfaitement maîtrisé.

Remarque : n'oubliez pas que l'énoncé du sujet est une convention ; le *vous* qui marque la question ne doit pas entraîner dans votre réponse l'apparition du *je*. Utilisez le *on* ou le *nous*.

■ Recherche des idées

Dans un premier temps, nous chercherons des éléments de réponse au sein du *Misanthrope*. Relisez le thème consacré au comique et au contrepoint tragique.

▶ Synthèse des connaissances acquises sur *Le Misanthrope*

• *Le Misanthrope* est une pièce de combat où Molière dénonce un comportement de la Cour : l'art de plaire qui conduit à un ordre social reposant sur l'hypocrisie d'une fausse politesse. Dépassant cette remise en cause, c'est en fait toute l'organisation de la société qu'Alceste attaque par son attitude.

• Alceste, prisonnier de ses contradictions, oscille entre un pathétique qui nourrit le contrepoint tragique et un ridicule qui fonde certains éléments du comique.

• Ce comique se distingue dans la pièce par un mélange continuel des registres (satirique, burlesque, pathétique, etc.) et par une grande puissance polémique.

• Comme toute comédie, *Le Misanthrope* présente les défauts des hommes. Mais, à la différence de *Dom Juan* qui les rendait visibles uniquement à travers son personnage central, tous les caractères font ressortir des défauts ou des qualités humaines :
— Alceste → contradiction, emportement démesuré, ridicule, pathétique ;
— Célimène → coquetterie d'une jeune veuve de vingt ans, désemparement ;
— Philinte → limites à la notion d'honnête homme ;
— Oronte, les marquis → les écueils de la mondanité ;
— Arsinoé → les pièges de la fausse dévotion ;
— Éliante → par sa droiture, révèle les limites des autres et incarne la franchise.

• *Le Misanthrope* pose une question d'ordre moral : celle de la vie en société. La retraite finale d'Alceste donne le ton pessimiste de Molière, même si le héros est victime de son égoïsme ou de son amour-propre.

▶ Synthèse des connaissances sur la comédie en général

Ici sont rassemblés quelques éléments de l'histoire du théâtre.

Pour traiter un tel sujet, un minimum de connaissances est requis. Sans que la liste soit exhaustive ou impérative, des dramaturges comme Marivaux, Beaumarchais, Musset, Hugo, Jarry ou Beckett constituent des références possibles pour ce travail.

Retenez que jusqu'au XXe siècle, la valeur morale du théâtre a toujours été reconnue, mais qu'au fil des temps, les cibles visées et la perception du comique ont varié.

• La disconvenance sociale, l'absurde et la comédie du langage

Le théâtre comique postérieur à Molière insiste sur l'opposition entre maître et valet (Marivaux, *Le Jeu de l'amour et du hasard*, Beaumarchais, *Le Mariage de Figaro*). La principale innovation de ces auteurs du XVIIIe, et plus particulièrement de Beaumarchais, est d'avoir donné au valet le rôle fondamental : c'est autour de Figaro que s'organise l'intrigue ; le comte, et avec lui la noblesse, ne sont plus les maîtres du jeu.

Au XIXe siècle, le comique s'associe à des valeurs moins revendicatives que celles du siècle passé. Musset, par exemple, s'attache surtout au mot *(Il faut qu'une porte soit ouverte ou fermée)*. Son comique de situation laisse transparaître une remise en cause du langage par lui-même.

C'est au XXe siècle que le théâtre comique abandonne le ton qui lui était habituel pour mettre en scène un travail de l'absurde. Jarry, avec le père Ubu, pousse l'absurde à son extrême, tandis que Beckett s'attaque au mythe de la représentation théâtrale, en offrant une œuvre où chaque valeur est, dans l'instant, soumise à l'épreuve de son contraire (*En attendant Godot, Fin de partie*, etc.).

Si l'histoire de la comédie propose toujours des œuvres audacieuses, les « situations fortes » peuvent être parfois délaissées ; l'absence de situations devient même dans certaines pièces (*cf.* Beckett) le principe d'une disconvenance sociale.

Le XXe siècle littéraire ayant commencé par une remise en cause radicale de toutes les valeurs littéraires, c'est souvent une exploration de la langue ou même du « rien » qui fait le nœud des œuvres. Parallèlement, des dramaturges comme Genet continuent de dénoncer, dans une forme souvent provocante, les inégalités et les monstruosités de la société *(Les Nègres)*.

Conseil. N'écrivez que sur un côté des feuilles de brouillon. Tourner la page conduit à oublier une idée forte. Utilisez une feuille pour les idées, une pour les références, une pour les citations.

■ **Élaboration du plan**

L'élaboration du plan intervient après la recherche des idées et des exemples.

Remarque : les habitudes universitaires conduisent souvent à préférer les plans en trois parties. Il n'empêche que le plan en deux parties, selon l'énoncé des sujets, peut être d'une plus grande valeur. Il sera toujours supérieur au traditionnel Thèse/Antithèse/Synthèse, plan « bateau » par excellence où la troisième partie est souvent un rapide résumé des deux premières qui ne propose aucun dépassement du sujet. Le plan adopté pour ce sujet est progressif.

I. Comédie et représentation sociale :
A. des raisons historiques président à cette association ;
B. elles permettent la remise en cause de toutes les inégalités,
C. dans la double optique d'instruire et de plaire.

II. La disconvenance sociale comme ressort comique :
A. la confrontation traditionnelle de deux couches sociales opposées ;
B. la mise en scène de tous les ridicules ;
C. le rire, un élément déstabilisateur.

III. La remise en cause des conventions du comique :
A. une radicalisation des dénonciations ;
B. qui va jusqu'à viser toutes les conventions théâtrales,
C. si bien que la distinction entre comique et tragique n'est plus opérante : le théâtre devient une réflexion du théâtre sur lui-même.

■ Rédaction du développement

▶ **I.** Première partie : comédie et représentation sociale

A. Les raisons historiques de cette association

L'histoire du théâtre a rapidement distingué la tragédie* et la comédie*. La première se concentre sur les sujets sérieux tandis que la seconde s'attache « à corriger les hommes en les divertissant ». Dès lors, le propos des comédies visera essentiellement à aborder des questions ou des problèmes ancrés dans les mœurs de l'époque. Ainsi, l'intrigue du *Misanthrope* s'attache au problème de la politesse et met en scène une valeur essentielle du comportement des courtisans au XVIIᵉ siècle. De même, *Le Mariage de Figaro*, de Beaumarchais, pose le problème des rapports entre maître et valet afin de soulever l'interrogation sur la liberté, si importante au XVIIIᵉ. Tout sujet de comédie éveille donc des résonances propres à la sensibilité de l'époque où il est abordé. Une comédie laisse donc

Un paragraphe comprend cinq éléments :
1. L'idée contenue dans le paragraphe.

2. Les exemples.
3. L'analyse.

4. La conclusion du paragraphe avec une référence au sujet posé.

toujours la place à des personnages qui tranchent par rapport à leur époque et signalent des pans entiers de la société que la morale dominante préfère laisser de côté.

B. Deuxième paragraphe

Rédigez ce paragraphe.
Idée à défendre : la comédie aborde toutes les inégalités sociales, politiques ou morales que la société porte en elle. *Tartuffe*, par exemple, aborde le problème de la fausse dévotion qui se rencontrait dans la Cour de Louis XIV.

C. Troisième paragraphe

Rédigez ce paragraphe.
Idée à défendre : la dénonciation des travers de l'humanité a toujours une double optique : instruire et plaire. *Cf.* le placet que Molière écrit au roi pour *Tartuffe*, « corriger les hommes en les divertissant », ou la préface du *Mariage de Figaro*.

▶ Transition entre I et II

Les nécessités morales et comiques de la comédie, que souligne Beaumarchais, reposent sur la mise en scène habituelle des problèmes sociaux du moment précis où la comédie est écrite. Mais dénoncer tout ce qui ne va pas dans une société conduit également à privilégier des moments où la seule réaction possible face à la scène est le rire. Le message subversif devient donc comique.

▶ II. Deuxième partie : la disconvenance sociale comme ressort comique

Rédigez cette partie.

A. L'opposition traditionnelle entre deux couches sociales
Idée à défendre : les comédies présentent régulièrement une opposition entre deux couches sociales. Par exemple le maître et le valet dans *Le Jeu de l'amour et du hasard* de Marivaux.

B. La mise en scène de tous les ridicules
Idée à défendre : une des forces de la comédie est de présenter tous les ridicules de l'humanité.
Exemples : les médecins, les hypocrites, les faux dévots.

5. L'annonce du paragraphe suivant.

En rédigeant ces paragraphes, veillez à être parfaitement compréhensible.

1. Résumé de I.

2. Annonce de II.

Construisez un devoir progressif. Reportez-vous à la rubrique : recherche des idées.
Cette partie aboutit à mettre en valeur tous les procédés qui sont mis en œuvre par la comédie pour créer son message subversif.

SUJET TRAITÉ

C. Le rire, un élément déstabilisateur
Idée à défendre : se rire d'une inégalité, c'est déjà
un moyen de la combattre. Ex. : Beaumarchais.

▶ **III.** Troisième partie : la remise en cause des conventions du comique

A. Une radicalisation des dénonciations
Idée à défendre : la radicalisation des dénonciations au théâtre. Insistez sur l'aspect politique
de certaines pièces. Appuyez-vous sur Beaumarchais, Hugo, Jarry ou Brecht.

La troisième partie est toujours le moment où vous dépassez la phrase de départ.

B. Deuxième paragraphe
Idée à défendre : le XXᵉ siècle remet en cause
les conventions théâtrales ; les différences entre
comédie et tragédie ne sont plus opérantes.
Pensez, par exemple, à Artaud.

C. Troisième paragraphe
Idée à défendre : la réflexion sur le théâtre
peut devenir l'objet même de la disconvenance
sociale. Pensez aux pièces de Beckett : *En
attendant Godot, Fin de partie...* ou de Genet :
Les Nègres.

■ **Rédaction de l'introduction**

Le théâtre classique obéit à des règles précises
qui entraînent de longs débats entre les auteurs
et les critiques, pour accéder à la perfection du
spectacle. Beaumarchais écrit à propos de la
comédie : « J'ai pensé, je pense encore, qu'on
obtient ni grand pathétique, ni profonde moralité,
ni bon et vrai comique au théâtre, sans des
situations fortes et qui naissent toujours d'une
disconvenance sociale dans le sujet qu'on veut
traiter. » Il rappelle la double valeur morale et
divertissante de la comédie, sans oublier le
mélange des tons qui s'offre à elle. Mais cette
conception rend-elle compte du théâtre actuel ?
Nous nous attacherons à montrer que la représentation de problèmes sociaux est constitutive
de la comédie, puis nous soulignerons la valeur
comique de cette disconvenance sociale. Enfin,
nous nous demanderons si la radicalisation des
dénonciations n'a pas conduit la sensibilité
contemporaine à remettre en cause la forme
même de ce théâtre.

Une introduction comprend quatre éléments :
1. Un point de départ qui peut être une citation. **Évitez :** « De tous temps les hommes... »
2. La réécriture intégrale du sujet.

3. L'énoncé de la problématique.

4. L'annonce du plan. Évitez de présenter votre plan sous la forme de questions qui débouchent sur le vide.

■ Rédaction de la conclusion

La phrase de Beaumarchais semble convenir à une définition qui regroupe toute la comédie classique. Jusqu'au XIX⁵ siècle, aucune comédie ne paraît s'écarter réellement de cette approche qui permet de construire des spectacles à la fois critiques et divertissants. Mais en radicalisant leurs positions et leurs écritures, les dramaturges contemporains cherchent à s'affranchir de toute définition préétablie. Ils visent, certes, une force plus grande pour souligner l'étendue des revendications qui peuvent avoir une signification hautement politique. Tout ayant été remis en cause, c'est la forme du théâtre qui n'a pas résisté à leurs attaques.

Cependant, on peut se demander si ces nouvelles recherches théâtrales, placées pour la plupart sous le signe d'une plus grande participation du public, ne renouent pas avec les formes les plus anciennes du théâtre.

Remarques sur l'introduction et la conclusion : l'introduction est la première impression que vous donnez au correcteur, tandis que la conclusion est la dernière. Donc, soignez-en la rédaction. Rédigez-les après avoir trouvé le plan, en respectant les indications placées sur la partie droite des pages.

La conclusion comprend deux éléments :
1. La synthèse de l'analyse du sujet.

2. L'ouverture du sujet.

Mais si vous ne trouvez pas d'ouverture intéressante, limitez-vous à une synthèse détaillée du sujet qui permette clairement de répondre à la problématique de départ.

Savoir
exploiter ses connaissances

■ Commentaire composé sur Célimène

Sujet | Prenez la tirade de Célimène (acte IV, scène 3) depuis *Allez, vous êtes fou* (v. 1392) jusqu'à *un sujet de plainte légitime* (v. 1414).
Vous ferez de ce passage un commentaire composé qui rende compte, par exemple, de la stratégie du discours de Célimène.

Vous pouvez, par exemple organiser votre devoir de la façon suivante :
I. L'emploi du vocabulaire moral
    A. les noms communs
    B. les verbes
    C. les interrogations de Célimène
II. L'accusation reportée sur Alceste
    A. les arguments sociaux qui permettent la justification de Célimène
    B. le champ lexical* de l'outrage
    C. les marques de l'indignation
III. La stratégie de la déclaration d'amour
    A. la place des déclarations tendres dans la réplique
    B. l'emploi des verbes dans ce passage
    C. le vocabulaire amoureux

■ Dissertation sur le théâtre en général

Sujet | Dans un livre consacré au théâtre, Marie-Claude Hubert écrit : « Le théâtre repose sur tout un système de conventions. Le spectateur sait bien qu'il ne se passe rien de réel sur la scène. Mais il feint de croire que le spectacle auquel il assiste est vrai. » En essayant de préciser les conventions théâtrales, vous vous demanderez si une telle définition correspond à votre vision du spectacle.

Il s'agit d'un sujet qui repose sur les conventions propres à la représentation théâtrale. Il suppose un minimum de connaissances en ce domaine. Évitez le plan du type : I. le théâtre est un monde de conventions ; II. mais la représentation est un moment d'émotions réelles ; III. le théâtre est un mélange de conventions et de réalité.

▉ Commentaire composé sur le dialogue

Sujet | Prenez les vers 183 à 205 (acte I, scène 1) depuis : *Ma foi, vous ferez bien* jusqu'à *Tant pis pour qui rirait.*
Vous ferez de ce passage un commentaire composé.
Vous pourrez, par exemple, montrer comment s'organise la tension entre les deux personnages.

Ce passage est constitué presque entièrement par un échange de stichomythies*. Vous devrez donc vous attacher à souligner le rythme des répliques. La tension qui existe entre Alceste et Philinte a pour objet l'attitude du misanthrope dans le procès qu'il connaît. Attachez-vous à la différence dans la conception du monde que véhiculent les avis d'Alceste et de Philinte.

▉ Dissertation sur Molière

Sujet | Dans son livre *Racine et Shakespeare*, Stendhal écrit : « La comédie de Molière est trop imbibée de satire pour me donner souvent la sensation d'un rire gai, si je puis parler ainsi. »
Ce jugement sur le comique de Molière vous paraît-il justifié ?

La phrase de Stendhal propose un jugement à la fois péjoratif « trop imbibée », et réfléchi. Nous avons, en effet, vu que le comique du *Misanthrope* n'accédait que très rarement au rire franc. Le rire gai était-il réellement visé par Molière ? Est-il si rare dans ses autres comédies, voilà tout un ensemble de réflexions possibles. Vous pouvez organiser votre devoir ainsi :

I. Le comique de Molière est dénonciateur
  A. par la mise en scène de tous les ridicules
  B. par la dénonciation de nombreuses disconvenances sociales
  C. par la mise en valeur des vices d'esprit

II. Ce comique profite de tous les tons provoquant le rire
  A. la farce
  B. la parodie
  C. la satire

III. Mais le « rire gai » n'est pas son but
  A. s'il intervient, c'est toujours pour renforcer le message
  B. le comique de Molière n'exclut pas des contrepoints tragiques
  C. la comédie de Molière veut instruire et divertir.

Lexique

■ AMOUR-PROPRE : l'amour-propre est une notion morale qui a été longuement étudiée par les moralistes et les penseurs du XVIIᵉ siècle. Littéralement, il s'agit de l'amour de soi. Aussi bien Pascal que La Rochefoucauld établissent une relation entre l'amour-propre et l'art de plaire. Ce qui pousse un être humain à plaire est l'amour de soi. On flatte pour être soi-même flatté ou, ce qui est le cas d'Alceste, on dénigre quelqu'un pour se justifier soi-même et renforcer l'image positive qu'on a de soi.

■ BURLESQUE : ce mot recouvre deux sens. Le burlesque peut être une façon de nommer la raillerie lorsqu'elle est thème central d'un message littéraire (cf. la tirade d'Éliante à la scène 4 de l'acte II). Par rapport à un style, le burlesque se manifeste par la discordance entre l'élévation du sujet traité et la familiarité de l'expression.

■ LA CARTE DE TENDRE : carte insérée par Mlle de Scudéry dans le deuxième tome de son roman *Clélie*, et qui représente le pays de Tendre, c'est-à-dire le pays dangereux que doit traverser un amoureux pour atteindre le cœur de la femme aimée. Cette carte est un badinage de salon précieux qui traduit à la fois un jeu et un exemple des raffinements de la préciosité*.

■ CHAMP LEXICAL : terme qui rend compte de l'analyse du vocabulaire. Le champ lexical est l'ensemble du vocabulaire contextuellement associé, dans un message quelconque, au mot ou à l'idée de départ. Ainsi le champ lexical de la noblesse d'âme se repère aux mots *honneur, sacrifierais, sang, vie...* dans la scène 4 de l'acte V.

■ COMÉDIE : étymologiquement, la comédie est une chanson de banquet. En littérature, par l'héritage des Grecs, la comédie est une pièce de théâtre en vers ou en prose dont le but est de faire rire. Mais, dès avant Molière, la comédie ne signifie plus uniquement comique. Elle a un but moral et peut présenter un contrepoint tragique.

■ COMÉDIE-BALLET : la comédie-ballet est une comédie entremêlée de passages dansés, de divertissements musicaux. *Le Bourgeois gentilhomme*, *Le Malade imaginaire* sont des exemples de comédies-ballets, dont Molière a été le créateur.

■ COMÉDIE DE CARACTÈRE : comédie qui vise à dénoncer plus particulièrement un trait de caractère ridicule. *L'Avare* de Molière en est le meilleur exemple.

■ DIDASCALIE : (nom féminin) parties non prononcées du texte théâtral qui donnent les instructions nécessaires à la mise en scène et au jeu des acteurs. Dans *Le Misanthrope*, les didascalies sont relativement rares. En revanche, un dramaturge comme Beaumarchais en donnera beaucoup dans *Le Mariage de Figaro*. Au fil des siècles, les auteurs dramatiques deviennent soucieux d'indiquer le plus précisément possible toute la mise en scène.

■ DIÉRÈSE : terme de versification. Lors de la prononciation d'un vers, il est quelquefois nécessaire de séparer en deux syllabes deux voyelles contiguës. Exemple, au vers 1797, il est nécessaire de prononcer : *in-qui-é-ter* pour que l'alexandrin ait bien ses douze syllabes. Le contraire de la diérèse s'appelle la SYNÉRÈSE. Prononcer avec synérèse l'exemple ci-dessus donne la prononciation courante : in-quié-ter.

■ DIVERTISSEMENT : notion fondamentale au XVIIᵉ siècle, elle signifie étymologiquement : détournement. Le divertissement est ce qui détourne l'homme de l'interrogation sur la nature et son créateur, en lui proposant une activité qui préoccupe son esprit et mobilise toute son énergie. Le débat qui s'installe autour du divertissement est à la fois moral et religieux. Pascal et les jansénistes le condamnent sévèrement : se détourner de soi, c'est d'abord se détourner de Dieu ; tout divertissement est donc une atteinte à la pensée religieuse.

■ FARCE : du latin *farcire* = remplir. Les farces sont des pièces de théâtre qui apparaissent dès le XIVᵉ siècle. Pièces drôles, voire grivoises, les farces sont d'ordinaire courtes ; à l'intérieur de celles-ci s'insèrent des chansons (ce qui explique peut-être l'étymologie). *Le Médecin volant* est une farce de Molière, qui en composa plusieurs dans sa jeunesse.

■ GENRE LITTÉRAIRE : l'histoire littéraire a l'habitude de classer les textes qu'elle étudie en genres différents. Les trois principaux sont : la poésie, le roman et le théâtre. Un quatrième genre existe, mais sa dénomination est variable. Certains parlent de littérature d'idées, d'autres de critique. Ce quatrième genre regroupe, en fait, tous les textes qui n'entrent pas dans les trois premiers.

■ GLOIRE : la gloire est au XVIIᵉ siècle la considération, l'honneur, la réputation que l'on tire de son mérite personnel. La notion permet donc de faire un lien avec l'amour-propre. Ce mot est essentiel dans la pensée d'un auteur comme Corneille, mais il prend le même sens dans la bouche d'Alceste au vers 1431 de l'acte IV.

■ GRADATION : figure de rhétorique qui permet au discours de se prolonger par une accumulation d'indications qui traduisent une progression vers le plus fort. Ainsi, la colère d'Alceste, au début de l'acte V (v. 1483-1525) évolue par une gradation argumentative vers un emportement sans mesure.

■ HÉMISTICHE : Traditionnellement, l'alexandrin classique connaît une pause rythmique après la sixième syllabe. Le premier hémistiche correspond aux six premières syllabes, le second aux six dernières.

▶ Exemple : *Verrez-vous tout cela//sans vous mettre en courroux ?*
    1 2 3   4 5 6   7   8   9   10 11 12
    premier hémistiche//second hémistiche
La pause rythmique du milieu du vers s'appelle la CÉSURE A L'HÉMISTICHE.

■ HONNÊTE HOMME, HONNÊTETÉ : l'honnête homme est la notion autour de laquelle s'organise toute la noblesse du XVIIᵉ. Gentilhomme, l'honnête homme doit lier les dons du corps aux dons de l'âme. Il doit être courageux, généreux, galant et cultivé sans pour cela être pédant. Fidèle à la foi chrétienne, il incarne l'idéal d'une société qui recherche la mesure et la pondération. La Rochefoucauld le définit ainsi : « L'honnête homme est celui qui ne se pique de rien. »

■ IRONIE : figure par laquelle le discours se développe en faisant comprendre le contraire de ce qui est exprimé. A l'acte III, scène 5, Alceste dit : *Je ne me trouve point les vertus nécessaires [...]*. Par le contexte, le spectateur comprend que le mot *vertus* veut dire : défauts.

■ LITOTE : figure de rhétorique qui consiste à dire le moins pour faire comprendre le plus. En disant : *Ma main de se donner n'est point embarrassée [...]* (v. 1797), Éliante dit qu'elle est d'accord pour se marier avec Philinte.

■ MÉTAPHORE : figure de rhétorique qui permet d'établir une analogie entre deux mots, sans passer, contrairement à la comparaison, par un outil grammatical. Si l'on écrit : « la vie est comme un gouffre », on établit une relation où *vie* est le comparé, *gouffre* le comparant et *comme* l'outil permettant la comparaison. Il s'agit donc d'une comparaison pure et simple. Mais quand Alceste s'écrie au v. 1804 : *Je vais sortir d'un gouffre [...]*, il pose, sans outil grammatical, que la vie est un gouffre. Le mot *gouffre* renvoie contextuellement à la qualité de la vie. C'est une métaphore.

■ OXYMORE : (nom masculin) figure de rhétorique qui consiste à lier deux termes ou deux idées contradictoires. Dans le titre de la comédie, il y a entre, d'une part *misanthrope* et *atrabilaire* et, d'autre part, *amoureux* une contradiction qui est le signe d'un oxymore.

■ PÉRIPHRASE : figure de rhétorique par laquelle on désigne une notion, non par le mot habituel, mais par une expression composée et figurée. Ainsi « la lune » peut être appelée « le flambeau de la nuit ».

■ PRÉCIOSITÉ (adjectif PRÉCIEUX) : la préciosité correspond à un courant social et artistique de la noblesse du XVIIe. En littérature, il repose sur un souci de raffinement et de délicatesse qui vise à ôter toute vulgarité de la langue pour aboutir à un discours très orné. La préciosité est en fait un renforcement du courant esthétique baroque dont on peut dire, pour simplifier, qu'il se manifeste au XVIIe siècle par l'expression de la liberté et de l'ornement. Le raffinement précieux a connu des débordements dans l'usage d'expressions incompréhensibles ou pompeuses. Ce sont ces abus que Molière dénonça dans *Les Précieuses ridicules*.

■ STICHOMYTHIE : (nom féminin) échange entre les acteurs de courtes répliques. La longueur de celles-ci varient de 1 mot à 2 vers ; mais l'usage le plus régulier consiste à utiliser des répliques d'un vers entier pour chaque personnage. L'utilisation de la stichomythie permet, en général, de souligner et de renforcer un état de tension entre deux, voire trois acteurs.

■ TIRADE : la tirade est une longue réplique qu'un acteur débite d'un trait en présence d'un ou plusieurs autres acteurs. La tirade permet en général à un personnage de définir son propre système de valeurs. Elle s'oppose à la réplique qui est une courte prise de parole permettant de construire le dialogue. Elle se différencie du monologue où l'acteur est seul sur scène.

■ TRAGÉDIE : la tragédie est un poème dramatique dont le but est, selon Aristote, de susciter la pitié et la terreur par le spectacle des passions humaines et de leurs conséquences fatales. Au XVIIe, la tragédie suit des règles précises : écrite en alexandrins et divisée en cinq actes, elle doit respecter les trois UNITÉS* ; elle représente des sujets mythologiques ou historiques et met en action la fatalité. Expression noble du XVIIe, la tragédie connaît deux principaux dramaturges, Corneille et Racine. Le XVIIIe, malgré Voltaire, marque le déclin de la tragédie classique.

■ LES UNITÉS : ensemble de trois règles dramatiques d'après lesquelles une pièce ne peut développer qu'une seule intrigue (unité d'action) qui doit se dérouler dans un même lieu (unité de lieu) dans l'espace d'une seule journée (unité de temps). Le respect ou le non-respect de ces règles donnent lieu à de grands débats. C'est surtout l'unité de temps qui conduit à des « invraisemblances » sérieusement commentées par les censeurs de l'époque (cf. la querelle du Cid de Corneille).

Table des matières

Achevé d'imprimer
Par Mame Imprimeurs à Tours
Dépôt légal : mars 1991
N° 26003